Hans-Josef Klauck

ALPHA OMEGA

ALPHA – OMEGA

Reihe A

LEXIKA · INDIZES · KONKORDANZEN ZUR KLASSISCHEN PHILOLOGIE

CXVII

Index verborum in inscriptiones
Corinthi et coloniarum

Curavit Miguel E. Pérez Molina

1990
Olms-Weidmann
Hildesheim · Zürich · New York

Index verborum in inscriptiones
Corinthi et coloniarum

Curavit Miguel E. Pérez Molina

1990

Olms-Weidmann

Hildesheim · Zürich · New York

© Georg Olms AG, Hildesheim 1990
Alle Rechte vorbehalten
Printed in Germany
Herstellung: WS Druckerei Werner Schaubruch, Bodenheim
ISSN 0175-9086
ISBN 3-487-09364-2

A mis padres

I. <u>INDICE</u>

II. INTRODUCCION

Este léxico recoge los vocablos de los documentos epigráficos de la zona de Corinto y de sus colonias presentes en las diferentes colecciones editadas sobre cada uno de estos lugares (Collitz-Bechtell, E. Schwyzer, W. Dittenberger, M. Fraenkel, G. Dittenberger, A. Lebegue, O. Kern). Su extensión cronológica abarca desde las inscripciones más antiguas hasta las del s. I a.C., inclusive; es decir, contempla desde testimonios redactados con el dialecto dorio de Corinto hasta aquellos otros que reflejan la implantación lingüística de la *koiné*.

Dentro de cada lema, se ha seguido estrictamente una clasificación alfabética y, ante las mismas formas, una cronológica. Cuando se trata del de uno verbal, aparece encabezado por la primera persona de singular del presente de indicativo, encerrada entre paréntesis si no se registra y, fuera de ellos, si lo hace. Todos los pronombres tienen el lugar que les corresponde por el orden alfabético de sus respectivos nominativos de singular.

Los datos que se aportan de cada vocablo están expresados mediante siglas: ciudad o región, tipo de inscripción (decreto, dedicatoria, epitafio..., con indicación expresa si es métrica), fecha aproximada (generalmente la que proponen los editores), inscripción y línea/s en que aparece. El carácter dudoso de cualquiera de estos datos viene expresado con un signo de interrogación junto al mismo.

Se han omitido del índice las palabras καί, μέν, οὐ. Por motivos de impresión las grafías presentes en inscripciones anteriores a la regularización alfabética se reproducen con caracteres ya normalizados, manteniendo sólamente la ambigüedad gráfica entre vocales largas o breves.

Miguel E. Pérez Molina

Murcia, septiembre de 1989

III. INDEX VERBORUM

αγαθ-, -α, Sy., C.J., *ca.* 500/475, *SEG* XI 257, 1; -αι, CorN.,
    Decr., *ca.* 384, *DGE* 147, 1; Co., T.H. (D.P.), s. III, *IG*
    IX 1, 693, 1; Mag., T.H., s. III, *IvM* 44, 3; -ου, Co.,
    Epit. (I.M.), *ca.* 227, *IG* IX 1, 873, 8; -ου, *ibid.*, 8;
    -ωι, Co., V.I., s. II/I, *SEG* XXXI 822, A 1;

Αγαθαρχ-, -ος, Acr., C.Np., s. III/II, *IG* XIV 1, 210, 4; -ου, C.,
    Epit., s. V?, *SEG* XXIX 344;

Αγαθοας, P., Epit., s. V, *SEG* XI 242;

Αγαθοχλειας, Ph., Epit., s. IV, *IG* IV 451;

Αγαθοχλ-, -ης, C., T.V., *ca.* 100, *SEG* XXVIII 385, 1/2; -εος, Co.,
    C.Np., *ex.* s. IV, *IG* IX 1, 976, 1;

Αγαθων, Ph., C.Np., s. IV, *SEG* XXVI 416, 4; C., Ded?, *ca.* 325/280,
    SEG XXII 219,1; -ος, Acr., C.Np., s. III/II, *IG* XIV 1, 209,
    I 4; Acr., C.Ofr., s. III/II, *IG* XIV 1, 211, I 8;

αγαλμα, N., Ded., *ca.* 525, *SEG* XXVI 419, 3; Co., Epit. (I.M.), s.
    I, *IG* IX 1, 878, 8

Αγαμε[δες], C., Ded.?, s. V?, *IG* IV 302;

Αγαμεμνον, C., T.V., s. VII/VI, *DGE* 121.1;

Αγε-, -α, Syr., T.H., s. III?, *IG* XIV 1, 10, 1; Acr., C.Ofr., s.
    III/II, *IG* XIV 1, 211, I 7; -ας, Acr., C.Ofr., s. III/II,
    IG XIV 1, 211, I 7;

Α[γ]ελαου, Co., Ded., s. II, *IG* IX 1, 708, 3;

αγε[μονος], Syr., Ded., s. III?, *IG* XIV 1, 2, 1;

αγενειους, Sy., C.J., *ca.* 260/220, *IG* IV 428, 2;

Αγεστρα(του), Syr., T.V., s. III/II, *SEG* XIX 607, C 1/2;

Αγημων, Le., Decr., *in.* s. II, *IG* IX 1, 534, 10;

Ηαγεμōνιδαι, Co., *V.I.*, *ca.* 525/500, *SEG* XXIII 392, 1;

Αγηνος, Co., Epit. (I.M.), s. III, *IG* IX 1, 874, 7; Co., C.M., s.
III, *IG* IX 1, 977, 7;

Αγησανδρ-, -ου, Co., *V.I.*, s. II, *IG* IX 1, 735; Le., Decr., *in.*
s. II, *IG* IX 1, 534, 5; Αγησανδ[ρου], Co., *V.I.*, s. II, *IG*
IX 1, 736;

Αγησι..., C., Ded., *ex.* s. IV, *SEG* XXV 336, 1;

Αγις, Co., Epit., s. III?, *IG* IX 1, 894, 1;

Αγλωτροφης, CorN., Decr., *ca.* 385, *DGE* 147, II 48;

αγναις, Acr., Ded., s. III, *IG* IX 1, 204, 5;

αγορα, Sy., Epit. (I.M.), s. IV, *SEG* XV 195, 4;

Αγοραιου, Acr., Ded., s. IV?, *IG* XIV 1, 203, 2;

αγορανομοι, Acr., C.Np., s. III/II, *IG* XIV 1, 209, I 1; Acr.,
C.Ofr., s. III/II, *IG* XIV 1, 211, I 2; *IG* XIV 1, 212, I 2;

Αγριανιου, Syr., T.V., s. III?, *SEG* XVI 540 e;

Αγριππαν, Co., T.H., *ca.* 19/13, *IG* IX 1, 723, 2;

(αγω), -ετω, Co., D.D., s. III/II, *IG* IX 1, 694, 16/17, 19; -ου,
N., Ded., *ca.* 525, *SEG* XXVI 419, 5; -οντι, Co., Decr., *ca.*
182/178, *IG* IX 1, 689, 4; [αγου]τι, *ibid.*, 8; -ωνται, N.,
Decr., *ca.* 229, *SEG* XXIII 178, 9;

αγωγ-, -αι, Co., C.C., *in.* s. III, *IG* IX 1, 691, 1; -ας, *ibid.*,
1, 5 (2), 6;

αγων-, -α, Mag., T.H., s. III, *IvM* 44, 7, 21; Co., D.D., s.
III/II, *IG* IX 1, 694, 27, 135; Mag., T.H., *ca.* 200, *IvM* 41,

2

7, 12; *IvM* 46, 20, 22, 29; *IvM* 72, 39; Mag., T.H., s. II,

IvM 45, 15, 29/30, 39; [α]γωνα, Mag., T.H., s. II, *IvM* 45,

24; αγ[ωνα], *ibid.*, 33; αγων[α], Mag., T.H., *ca.* 200, *IvM*

72, 6; [αγω]να, *ibid.*, 19/20; [αγ]ωνα, N., Decr., *ca.* 145,

SEG XXIII 180, 15; -ας, Mag., T.H., *ca.* 200, *IvM* 41, 14;

Mag., T.H., *ca.* 200, *IvM* 42, 8, 11; -ος, Mag., T.H., s.

III, *IvM* 44, 18, 33; Mag., T.H., *ca.* 200, *IvM* 46, 44; -ων,

N., Decr., *ca.* 145, *SEG* XXIII 180, 6;

αγωνοθετ-, -α, Co., D.D., s. III/II, *IG* IX 1, 694, 16, 23, 81, 87;

    -αι, *ibid.*, 92; -ας, *ibid.*, 103; -της, *ibid.*, 94;

αγωνσαυς, N., Decr., s. III/II, *IG* IV 480, 4;

αδαιρετου, CorN., Decr., *ca.* 385, *DGE* 147, 10;

αδην, Co., Epit. (I.M.), s. I, *IG* IX 1, 878, 5;

αδικηματος, Co., D.D., s. III/II, *IG* IX 1, 694, 116;

Αδματο[ς], C., T.V., s. VII/VI, *DGE* 122.8;

αδυνατ-, -ον, Co., D.D., s. III/II, *IG* IX 1, 694, 18, 25, 132;

    -ου, *ibid.*, 71/72;

Αεθον, C., T.V., s. VII/VI, *DGE* 122.6;

αει, Mag., T.H., s. III, *IvM* 44, 34; [α]ει, *ibid.*, 41;

αεξ´, Delfos, Ded., *ca.* 478, Jeffery, *Plate* 51.9, 3;

Αεσχυλινος, C., T.V., s. VII/VI, *DGE* 121.5;

ΑϜορον, Co., V.I., *ca.* 500, *SEG* XXX 523, 2; *SEG* XXX 526, 1/2;

    [Α]Ϝορον, Co., V.I., *ca.* 500, *SEG* XXX 522, 1;

αϜυταν, Co., Epit. (I.M.), *in.* s. VI, *IG* IX 1, 868, 3;

Αζωριαστ-, -αις, Co., Decr., *ca.* 182/178, *IG* IX 1, 689, 17;

3

[Αζω]ριασταυ, *ibid.*, 19; Αζωρι[αστα]υ, *ibid.*, 9/10;

[Α]θαμαινων, Co., Decr., *ca.* 182/178, *IG* IX 1, 690, 1;

Αθαυ-, -α[ια], C., Ded., 1/2 s. V, *IG* IV 265; -αεα, C., Ded., s.
    VII/VI, *IG* IV 268;-[αοι], Sy., C.J., *ca.* 500/475, *SEG* XI
    257, 7;

[Αθα]υαιου, C., *V.I.*, *ca.* 458, Jeffery, *Plate* 21.38, 3;

Αθην-, -αιης, Co., Epit. (I.M.), s. I, *IG* IX 1, 879, 4; -αιου,
    Co., T.H. (D.P.), *ex.* s. IV, *IG* IX 1, 682, 7, 16; -αιου,
    C., T.V., *ca.* 146, *SEG* XXVIII 382, 1/2;

αθλ[α], Mag., T.H., *ca.* 200, *IvM* 41, 14;

αθωο[ς], CorN., Decr., *ca.* 385, *DGE* 147, 13;

αι (conj. condicional), Ph., Decr., *ca.* 600/575, *SEG* XI 275, 6;
    Cl., Decr., *ca.* 575/550, *IG* IV 1607, 7; C., C.Ofr., *ca.*
    575/550, Jeffery, *Plate* 20.18, 3; Co., Decr.?, s. III?, *IG*
    IX 1, 695, 3;

Αιγιυατας, Delfos, Ded., *ca.* 500, Ditt. I 18, 2;

αιδαυ, Co., Epit. (I.M.), s. I, *IG* IX 1, 879, 2;

ΑιϜας, C., T.V., s. VII/VI, *DGE* 122.3;

[αιθερ]ιοισι, Co., Epit. (I.M.), *in.* s. I, *IG* IX 1, 877, 11;

αιμα, Co., Epit. (I.M.), s. III, *IG* IX 1, 874, 7;

Αιυε-, -α, N., C.M., *ex.* s. IV, *SEG* XXX 353, 2, 12; -ας, C., T.V.,
    s. VII/VI, *DGE* 122.3;

Αιυετα, C., T.V. (Ded.), *ca.* 625, *IG* IV 348;

αιυε[τ]ου, Cl., Decr., *ca.* 575/550, *IG* IV 1607, 4/5;

Αιυιππα, C., T.V., s. VII/VI, *DGE* 122.8;

4

Αιυοι, C., T.V., s. VII/VI, *DGE* 122.4;

(αιρεω), -εθειστ, Co., D.D., s. III/II, *IG* IX 1, 694, 60, 74;

    -εθευτας, *ibid.*, 43, 64; -εθευτες, *ibid.*, 49, 65, 66; -εθη,

    Mag., T.H, *ca.* 200, *IvM* 42, 17; -εθωυτι, Mag., T.H., s.

    III, *IvM* 44, 28; -ειστθαι, Co., D.D., s. III/II, *IG* IX 1,

    694, 48; -ημευους, Mag., T.H., s. III, *IvM* 44, 34;

    -[ουμ]ευοι, Mag., T.H., *ca.* 200, *IvM* 46, 4; αρημευοις, Co.,

    D.D., s. III/II, *IG* IX 1, 694, 121; ελεσθαι, Co., D.D., s.

    III/II, *IG* IX 1, 694, 43/44; Mag., T.H., *ca.* 200, *IvM* 42,

    17; *IvM* 72, 42; ελεσθω, Co., D.D., s. III/II, *IG* IX 1, 694,

    8; ελο[υσαυ], Co., Epit. (I.M.), s. III, *IG* IX 1, 874, 7;

αιστια, Acr., *V.I.*, s. II/I, *SEG* XXXI 822, B 16;

Αιστιμελ(ε̄)s, C., Ded.?, s. V?, *IG* IV 303;

Αιστχλαπι[ωι], C., T.V., s. IV?, *SEG* XI 207;

Αιστχιυα[s], Sy., C.Np., *ca.* 460/450, *IG* IV 425, 6;

Αιστχλαβιο̄ι, C., Ded., *ca.* 450/425, *IG* IV 356;

Αιστχριωυος, Co., Ded., s. III, *IG* IX 1, 706, 1;

Αιστχυλιστχου, Co., *V.I.*, s. II, *IG* IX 1, 737; Co., *V.I.*, s. I, *IG*

    IX 1, 738; *IG* IX 1, 739; *IG* IX 1, 740; *IG* IX 1, 742;

    Αιστχ[υλιστχου], Co., *V.I.*, s. I, *IG* IX 1, 741;

Αιστχυλ-, -ος, N., G., *in.* s. V, *SEG* XXIX 353 a; -ου, Co., Decr.?,

    s. III?, *IG* IX 1, 695, 6; -ωι, Acr., D.D.T., s. III/II, *IG*

    XIV 1, 217, 28;

(αιτε), [α]ιτ´, Ph., Decr., *ca.* 600/550, *SEG* XI 275, 5;

αιτιος, Co., D.D., s. III/II, *IG* IX 1, 694, 101;

Αχαρν[αιαν], N., Decr.?, s. IV/III, *SEG* XXIX 347, 4;

Αχ(α)στος, C., T.V., s. VII/VI, *DGE* 122.8;

Αχμαντιδας, Sy., Decr., *ca.* 500, *SEG* XI 244, 65;

αχοιτις, C., Ded., *ca.* 550/525, *IG* IV 301;

αχολουθως, Mag., T.H., *ca.* 200, *IvM* 42, 4; Mag., T.H., s. II, *IvM*
      45, 18; [α]χολου[θ]ως, Mag., T.H., s. III, *IvM* 44, 45;

αχουτων, Co., Epit. (I.M.), *ca.* 229, *IG* IX 1, 872, 3;

Αχρ-, -α[ιαι / -ας], P., T.V., s. IV, *SEG* XI 233; [A]χρα[ιας / -ας],
      P., T.V., s. IV, *SEG* XI 234; -αιας, Co., L.T., s. V, *IG* IX
      1, 698, 2; -αιων, Acr., Ded., s. III, *IG* XIV 1, 215, B 3;

Αχρι[σιος], Sy., Ded., s. II, *IG* IV 431, 1;

αχριτου, Co., Epit. (I.M.), s. III, *IG* IX 1, 874, 5;

Αχροχορ[ιν θ...], N., C.S., *ca.* 312/311, *SEG* XXV 357, 1;

αχρου, Co., Decr., *ca.* 182/178, *IG* IX 1, 690, 8;

αλαμπετου, Co., Epit. (I.M.), s. I, *IG* IX 1, 878, 5;

Αλαστōρ, C., T.V., s. VII/VI, *DGE* 122.8;

αλγεα, Co., Epit. (I.M.), s. I, *IG* IX 1, 878, 8;

Αλεατις, N., Ded., *ca.* 368, *SEG* XI 292, 1;

Αλειος, Co., Epit. (I.M.), s. II, *IG* IX 1, 875, 2;

Αλεξανδρ-, -ος, C., T.V., s. IV, *SEG* XI 198 c; -ου, Co., Epit.
      (I.M.), *ca.* 227, *IG* IX 1, 873, 2;

Αλεξιχισχου, Co., *V.I.*, s. II, *IG* IX 1, 745;

Αλεξιχλ-, -ε[ος], Mag., T.H., s. III, *IvM* 44, 40; -εου[ς], Co.,
      V.I., s. II/I, *IG* IX 1, 743; Αλεξι[χλεους], Co., *V.I.*, s.
      II/I, *IG* IX 1, 744;

Ἀλεξιμα[χου], C., T.V., s. II, *SEG* XI 216, E 1;

Ἀλεξιος, Syr., Epit., *in.* s. V, *SEG* XXVII 661;

Ἀλεξιππου, Co., Decr., *ca.* 182/178, *IG* IX 1, 689, 2;

αλι-, -α, Co., T.H. (D.P.), *ex.* s. IV, *IG* IX 1, 682, 5; Co., DD.,
    s. III/II, *IG* IX 1, 694, 72; -α, Co., D.D., s. III/II, *IG*
    IX 1, 694, 49; -[α], Co., D.D., s. III/II, *IG* IX 1, 694,
    140; -αι, Co., T.H. (D.P.), *ca.* 182, *IG* IX 1, 685, 1; *IG*
    IX 1, 686, 1; *IG* IX 1, 687, 1; *IG* IX 1, 688, 1; -αιαι, N.,
    Decr., s. III, *IG* IV 479, 1; -αις, Co., Epit. (I.M.), *ca.*
    227, *IG* IX 1, 873, 6; -ος, Co., D.D., s. III/II, *IG* IX 1,
    694, 18, 83;

Ηαλιμεδες, C., T.V., s. VII/VI, *DGE* 122.8;

αλιξαντωι, Co., Epit. (I.M.), s. I, *IG* IX 1, 878, 3;

Ἀλι[ο]τροπιου, Mag., T.H., *ca.* 200, *IvM* 46, 2/3;

Ἀλκα, C., T.V., s. VII/VI, *DGE* 121.1;

Ἀλκα[ι]νετο[υ], Ph., Ded.?, s. III?, *IG* IV 454;

Ἀλκαιου, Co., V.I., s. II/I, *IG* IX 1, 746;

Ἀλκην, Co., Epit. (I.M.), *ca.* 229, *IG* IX 1, 871, 2;

Ἀλκιας, I., Epit., s. IV, *IG* IV 197;

Ἀλκιμ-, -ος, Sy., Decr., *ca.* 500, *SEG* XI 244, 27; -ου, Co., D.D.,
    s. III/II, *IG* IX 1, 694, 5, 40;

Ἀλκιν-, -οιο, Co., Epit. (I.M.), *ca.* 227, *IG* IX 1, 873, 7; -οω,
    Co., T.H., 1/2 s. III, *IG* IX 1, 683, 13;

Ἀλκιππου, I., Cat., s. IV/III, *SEG* XXIX 338, 5;

Ἀλκισθε[νει], Co., V.I., *ca.* 500, *SEG* XXX 524, 1;

(αλλα, adverbio), αλλ´ Co., Epit. (I.M.), in. s. VI, IG IX 1, 867,
   3; Co., Epit. (I.M.), ca. 227, IG IX 1, 873, 7; Co., D.D.,
   s. III/II, IG IX 1, 694, 107; αλλα, Co., D.D., s. III/II,
   IG IX 1, 694, 130;

αλλ-, -α, Co., D.D., s. III/II, IG IX 1, 694, 104/105; Co., T.H.
   (D.P.), ca. 182, IG IX 1, 686, 7; IG IX 1, 687, 8; IG IX 1,
   688, 7; -αι, Co., D.D., s. III/II, IG IX 1, 694, 127; -αν,
   Co., T.H., s. III, IG IX 1, 693, 20, 21; -ας, CorN., Decr.,
   ca. 385, DGE 147, 7; -ο, Co., D.D., s. III/II, IG IX 1,
   694, 34, 107, 108, 110, 123, 127; -οις, Mag., T.H., s. III,
   IvM 44, 33; Co., T.H. (D.P.), ca. 182, IG IX 1, 685, 10;
   IG IX 1, 686, 8; IG IX 1, 687, 9; IG IX 1, 688, 8; -ος, N.,
   Decr., ca. 229, SEG XXIII 178, 8; -ου, Co., D.D., s.
   III/II, IG IX 1, 694, 114, 131; -ους, Mag., T.H., ca. 200,
   IvM 46, 12, 28; Acr., V.I., s. II/I, SEG XXXI 822, C 6;
   -ωι, Co., D.D., s. III/II, IG IX 1, 694, 118; -ω[ι], Co.,
   Epit.(I.M.), in. s. I, IG IX 1, 877, 3; -ων, Co., T.H., s.
   III?, IG IX 1, 684, 2; Syr., F.J., s. III, IG XIV 1, 7, II
   2;

Αλλανιδι, Co., T.H., s. III, IG IX 1, 693, 22;
αλλοτε, Acr., V.I., s. II/I, SEG XXXI 822, B5;
Αλοτροπιου, Mag., T.H., s. II, IvM 45, 2;
αλοχου, Co., Epit. (I.M.), in. s. I, IG IX 1, 877, 5;
αλσος, Co., T.H., 1/2 s. III, IG IX 1, 683, 5;
Αλυπε, Co., Epit., s. II?, IG IX 1, 896, 1/2;

Αλφιαιας, C., Ded.?, s. IV/III, *SEG* XXV 342 d;

Ηαμαθοι, C., T.V., s. VII/VI, *DGE* 122.7;

αμαξαις, Co., C.C., *in.* s. III, *IG* IX 1, 691, 7;

Αμβ[ραχιαν], N., Decr.?, s. IV/III, *SEG* XXIX 347, 4;

Αμβραχιωταν, Co., T.H. (D.P.), *ca.* 182, *IG* IX 1, 686, 3, 17;

αμεινον, Mag., T.H., *ca.* 200, *IvM* 46, 17; Mag., T.H., s. II, *IvM*
       45, 9/10;

αμεμπτε, Syr., T.V., s. II/I, *SEG* XVI 539, I 4;

αμερ-, -α, Co., T.H.(D.P.), *ex.* s. IV, *IG* IX 1, 682, 2; Cos,
       Decr., *ca.* 242, *SEG* XII 377, 2; -αι, Mag., T.H., s. III,
       IvM 44, 2; Co., Decr., *ca.* 182/178, *IG* IX 1, 689, 8;
       [αμερ]αι, Co., Decr., *ca.* 182/178, *IG* IX 1, 689, 5; -ας,
       Co., D.D., s. III/II, *IG* IX 1, 694, 52;

Αμμονιο[υ], Syr., C.Np., s. III?, *IG* XIV 1, 8, 4;

Αμοιϝαν, C., Ded., s. VI, *IG* IV 212;

Αμōν, C., Ded., s. V?, *IG* IV 357;

Αμυντας, C., T.V., *ca.* 750/725, *SEG* XI 191, 5;

Αμφια, Co., Epit., s. III, *SEG* XXV 614, 1;

Αμ[φι]αλου, Co., Epit., s. III?, *IG* IX 1, 894, 2;

Αμφιαρεος, C., T.V., s. VII/VI, *DGE* 122.8;

Αμφιλοχ-, -οι, Co., Epit. (I.M.), *ca.* 229, *IG* IX 1, 872, 3; -ωγ,
       Co., Epit. (I.M.), *ca.* 229, *IG* IX 1, 871, 2;

αμφιπολον, Co., T.H., 1/2 s. III, *IG* IX 1, 683, 12;

Αμφισθενεος, Co., C.Np., *ex.* s. IV, *IG* IX 1, 976, 3;

[Α]μφιτριτ[α], C., Ded., s. V?, *IG* IV 298; [Αμφιτ]ριτα, C., Ded.,

s. VI, *IG* IV 219; Αμφιτρ[ιτα], C., Ded., s. V?, *IG* IV 246,

2; Αϝιτριτα, C., Ded., s. VI, *IG* IV 224; Αϝι(τ)ριτ(α),

C., Ded., 1/2 s. V, *IG* IV 265; Αϝιτρι[τα], C., Ded., s.

V?, *IG* IV 299; Α⟨ν⟩φιτριταν, C., Ded., *ca.* 625/600,

Jeffery, *Plate* 19.11;

αμφοτεραν, Mag., T.H., s. II, *IvM* 45, 43; Mag., T.H., *ca.* 200, *IvM*
46, 35; [αμφ]οτεραν, *ibid.*, 45;

Αμωμητου, Co., *V.I.*, s. II/I, *IG* IX 1, 747;

αν (particula modal), Mag., T.H., s. III, *IvM* 44, 30;

αναγραφας, Co., D.D., s. III/II, *IG* IX 1, 694, 144;

(αναγραφω), -φη, Co., Decr., 1/2 s. II, *IG* IX 1, 692, 18;
[αναγρα]φη, Mag., T.H., s. II, *IvM* 45, 50; -φημεν, CorN.,
Decr., *ca.* 385, *DGE* 147, 7; -φητω, Co., Decr., 1/2 s. II,
IG IX 1, 692, 15; -ψαι, Co., D.D., s. III/II, *IG* IX 1, 694,
142; [ανα]γραψαι, N., Decr., *ca.* 145, *SEG* XXIX 348, 6;
[α]ναγραψαι, Mag., T.H., *ca.* 200, *IvM* 46, 46;

αναε[δε̄ς], C., Epit. (I.M.), *ca.* 650, *IG* IV 358, 3;

αναθεσ-, -ιν, Acr., *V.I.*, s. II/I, *SEG* XXXI 822, C 12/13; -[ιο]ς,
Co., D.D., s. III/II, *IG* IX 1, 694, 144;

αν⟨α⟩θεμα, P., T.V., 1/2 s, VI, *SEG* XXII 243 e;

αναλωμ-, -α, Mag., T.H., s. III, *IvM* 44, 43; Co., D.D., s. III/II,
IG IX 1, 694, 146; Co., T.H. (D.P.), *ca.* 182, *IG* IX 1, 685,
20; *IG* IX 1, 686, 14/15; *IG* IX 1, 688, 17; -ατων, Co.,
Decr., 1/2 s. II, *IG* IX 1, 692, 7;

(ανανεοω), -ουμενου, Mag., T.H., *ca.* 200, *IvM* 42, 5; -ουμενων,

10

Mag., T.H., *ca.* 200, *IvM* 41, 3/4;

Αναξαγορα, Syr., Epit., *ca.* 450, Jeffery, *Plate* 51.10, 1;

αναπραξις, Co., D.D., s. III/II, *IG* IX 1, 694, 10;

(αναπρασσω), -ξαντες, Co., D.D., s. III/II, *IG* IX 1, 694, 58;

ανπραξαιεν, *ibid.*, 73; ανπραξωντι, *ibid.*, 90;

ανασσ[ου], Delfos, Ded., *ca.* 478, Jeffery, *Plate* 51.9, 1;

(αναντιθημι), -θεμεν, Mag., T.H., s. III, *IvM* 44, 42; Co., D.D., s. III/II, *IG* IX 1, 694, 143;Co., T.H. (D.P.), *ca.* 182, *IG* IX 1, 685, 15; *IG* IX 1, 686, 12; -τεθεντος, Co., D.D., s. III/II, *IG* IX 1, 694, 106; -[τ]εθη, Co., Decr., 1/2 s. II, *IG* IX 1, 692, 17; -εθεν,C., Ded., *ca.* 625/550, Jeffery, *Plate* 19.13; N., Ded., s. IV/III, *IG* IV 487, 1; Syr., Ded., *ca.* 480, *DGE* 144.1, 2;Delfos, Ded., *ca.* 500, Ditt. I 18, 1; -εθηκαν, C., Ded., *ca.* 340, *SEG* XXII 218, 2; Sy., Ded.?, F.D., *SEG* XXV 354, 4; -εθε̄κε, C., Ded., *ca.* 600/575, *IG* IV 245 b; C., Ded., s. VI, *IG* IV 210; *IG* IV 211; *IG* IV 219; *IG* IV 222; *IG* IV 227; *IG* IV 230; *IG* IV 231, 2; Co., Ded., s. VI, *IG* IX 1, 705; Le., Ded., s. VI, *DGE* 141;N., Ded., *ca.* 560, *SEG* XI 290, 1/2;P., T.V., 1/2 s. VI, *SEG* XXII 240 d; N., Ded., *ca.* 525, *SEG* XXVI 419, 2;I., T.V., s. VI, *SEG* XVII 133; P., Ded., *ca.* 525/500, *SEG* XI 226, 1; C., Ded., s. VI/V, *IG* IV 234; *IG* IV 235; *IG* IV 236; C., Ded., s. VI/V?, *IG* IV 240; C., Ded., 1/2 s. V, *IG* IV 239; *IG* IV 249; C., Ded., s. V?, *IG* IV 242; *IG* IV 243; *IG* IV 247; *IG* IV 248; *IG* IV 250; *IG* IV 251; *IG* IV 252; N., Ded., *ca.* 368,

SEG XI 292, 2; [ανε]θε̄χε, C., Ded., s. VI, *IG* IV 215; *IG*

IV 216; N., Ded., s. VI, *SEG* XI 291;C., Ded., s. V?, *IG* IV

257; ανεθ[ε̄χε], C., Ded., s. VI, *IG* IV 225; P., T.V., 1/2

s. VI, *SEG* XXII 240 c; ανεθε̄χ[ε], C., Ded., *in.* s. V, *IG* IV

226; α(ν)εθε̄χε, C., Ded., s. VI, *IG* IV 228; ανε[θε̄χε], C.,

Ded., s. VII/VI, *IG* IV 233; ανεθ(ε̄)χε, C., Ded., s. VI?, *IG*

IV 238; [α]νεθε̄χ[ε], C., Ded., s. V?, *IG* IV 253; [α]νεθε̄χε,

P., T.V., s. VI, *SEG* XXII 241, A III;C., Ded., s. V?, *IG* IV

254; [αν]εθε̄χε, P., T.V., *ca.* 600, *SEG* XXII 240 a; C.,

Ded., s. V?, *IG* IV 255; *IG* IV 256; [ανεθ]ε̄χε, C., Ded., s.

V?, *IG* IV 258; *IG* IV 259; P., T.V., *ex.* s. V, *SEG* XXII 250

j; -εθηχε, C., Ded., s. IV?, *IG* IV 361; Sy., Ded., s. III,

SEG XI 272; Sy., T.H., s. II, *SEG* XI 248, 2; -εθη[χε], C.,

Ded., s. III?, *IG* IV 363, 2; ανε[θε̄χ]ε[ν], Delfos, Ded.,

ca. 478, Jeffery, *Plate* 51.9, 1; [αν]εθηχεν, C., Ded., s.

IV?, *IG* IV 359, 1; ανε[θηχεν], N., T.V., s. V?, *SEG* XXXI

303 b; C., Ded., *ex.* s. IV, *SEG* XXV 336, 2; ανθεμεν, Co.,

T.H. (D.P.), *ex.* s. IV, *IG* IX 1, 682, 11; α[νθ]εμεν, Co.,

T.H. (D.P.), *ca.* 182, *IG* IX 1, 688, 12; ανυε[θε̄χε], C.,

Ded., s. V?, *IG* IV 241;

Ανγαριος, C., T.V., *ca.* 750/725, *SEG* XI 191, 3;

ανδαιτον, CorN., Decr., *ca.* 385, *DGE* 147, 11;

ανδρ-, -ας, Sy., C.J., *ca.* 260/220, *IG* IV 428, 2; Co., D.D., s.

III/II, *IG* IX 1, 694, 9, 44; [α]νδρας, Sy., C.J.?, s. II,

SEG XI 258; -ι, Co., Epit. (I.M.), s. II, *IG* IX 1, 875, 5;

Ανδρεια, Co., Epit., s. III?, *IG* IX 1, 894, 3;

Ανδροκλη, Co., Epit., s. II?, *IG* IX 1, 897;

ανδροφονους, Co., Epit. (I.M.), *ca.* 227, *IG* IX 1, 873, 6;

Ανδρυτας, C., T.V., s. VII/VI, *DGE* 121.1;

Ανδρων, Le., Decr., *in.* s. II, *IG* IX 1, 534, 11; -ος, *ibid.*, 7;

   Ανδ[ρ]ωνο[ς], Co., *V.I.*, s. II/I, *IG* IX 1, 748;

ανθεσιλας, C., *V.I.*, *ca.* 510/500, Jeffery, *Plate* 20.28;

(ανθιζω), [η]ν[θι]σμενος, Co., Epit. (I.M.), *in.* s. I, *IG* IX 1,
   876, 5;

Ανθρωπισχου, Mag., T.H., s. III, *IvM* 44, 2;

ανθρωπ-,-οις, N., *R.A.*, s. V, *SEG* XI 294, 2; α[ν]θ[ρ]ōπου, Cl.,
   Decr., *ca.* 575/550, *IG* IV 1607, 7; -ο[υς], Mag., T.H., *ca.*
   200, *IvM* 46, 5; [ανθ]ρōποι, Cl., Decr., *ca.* 575/550, *IG* IV
   1607, 12;

ανθυ[πατου], N., Decr., *ca.* 145, *SEG* XXIII 180, 10; αν[θυπατου],
   ibid., 13;

ανιχα, Co., Epit. (I.M.), s. III, *IG* IX 1, 874, 3;

Ανιοχιδας, C., T.V., s. VII/VI, *DGE* 122.10;

ανπελων, Co., T.H., s. III, *IG* IX 1, 693, 4/5, 6, 7, 9, 11, 13/14,
   15, 17/18, 19, 20, 21/22;

Ανταλλος, CorN., Decr., *ca.* 385, *DGE* 147, 26;

[Α]νταρετα[ς], C., T.V., s. V?, Krestchmer 24.9, 30;

αντιγραφου, Co., D.D., s. III/II, *IG* IX 1, 694, 142;

Αντικρατης, Acr., C.Ofr., s. III/II, *IG* XIV 1, 212, II 9;

Αντιμενε͞ς, Sy., Decr., *ca.* 500, *SEG* XI 244, 76;

Αντιοχε, Co., Epit., s. I, *IG* IX 1, 941, 1;

Αντιφατας, C., T.V., s. VII/VI, *DGE* 122.1;

ανυποδικου, Co., Decr., 1/2 s. II, *IG* IX 1, 692, 7;

αιυω, Co., Decr., *ca.* 182/178, *IG* IX 1, 690, 7;

αξι-, -α, Mag., T.H., *ca.* 200, *IvM* 46, 45; -ως, Mag., T.H., *ca.* 200, *IvM* 46, 35; *IvM* 72, 37; αξ[ιω]ς, Mag., T.H., s. II, *IvM* 45, 42;

αοζος, Co., C.Np., *ex.* s. IV, *IG* IX 1, 976, 9;

απ-, -αυ, Acr., *V.I.* (I.M.), s. II/I, *SEG* XXXI 823, B 7; -αυτας, N., V.I., s. IV, *SEG* XXIII 183, 4;

απαρβολου, Co., D.D., s. III/II, *IG* IX 1, 694, 114/115;

(απειχουιζω), -ιζεται, Co., Epit. (I.M.), *in.* s. I, *IG* IX 1, 876, 3;

Απειρωταυ, Co., Ded., s. III/II, *SEG* XXV 611;

Απεταιος, N., G., *in.* s. V, *SEG* XXIX 353 c;

(απο), απ΄, N., C.M., *ex.* s. IV, *SEG* XXX 353, 11; απο, Co., Epit. (I.M.), *in.* s. VI, *IG* IX 1, 867, 5; Syr., Ded., *ca.* 474, *DGE* 144.2, 3; N., C.M., *ex.* s. IV, *SEG* XXX 353, 2 (2), 3, 5, 6, 7 (2), 8; Co., D.D., s. III/II, *IG* IX 1, 694, 19 (2), 24, 84, 85, 88; Co.,Decr., *ca.* 182/178, *IG* IX 1, 689, 17; *IG* IX 1, 690, 3; Co., Decr., 1/2 s. II, *IG* IX 1, 692, 10; αφ΄, N., C.M., *ex.* s. IV, *SEG* XXX 353, 9; Co., D.D., s. III/II, *IG* IX 1, 694, 17, 84; Le., Decr., *in.* s. II, *IG* IX 1, 534, 2;

αποβαμ(μ)α, Cl., Decr., *ca.* 575/550, *IG* IV 1607, 3;

(αποδεχομαι), -δεδεγμενοι, Mag., T.H., *ca.* 200, *IvM* 41, 15/16;
   -δεξασθαι, Mag., T.H., *ca.* 200, *IvM* 41, 9; *IvM* 42, 6, 11;
   Mag., T.H., s. II, *IvM* 45, 24, 26; [α]ποδεξασθαι, Mag.,
   T.H., *ca.* 200, *IvM* 46, 21; [αποδε]ξασθαι, *IvM* 46, 21,
   28/29;

(αποδιδωμι), -εδωκαν, Mag., T.H., s. III, *IvM* 44, 11; -εδωκα[ν],
   Mag., T.H., *ca.* 200, *IvM* 46, 7; -εδωκεν, Mag., T.H., *ca.*
   200, *IvM* 42, 16; -δομεν, Co., D.D., s. III/II, *IG* IX 1,
   694, 56; -δουτος, Mag., T.H., *ca.* 200, *IvM* 42, 3;
   α[π]οδου[τ]ων, Mag., T.H., *ca.* 200, *IvM* 72, 13;

αποδιχου, Co., Decr., 1/2 s. II, *IG* IX 1, 692, 3;

(αποθνησκω), [α]ποθανοι, Cl., Decr., *ca.* 575/550, *IG* IV 1607, 14;

αποχαταστασιν, Sy., Decr., *ex.* s. III, *IG* IV 426, 3;

(αποκρινω), -χρινασθαι, Mag., T.H., s. III, *IvM* 44, 24; Mag.,
   T.H., *ca.* 200, *IvM* 46, 23/24;

(απολειπω), -(λ)ιπη, N., Decr., s. IV/III?, *IG* IV 480, 6;

Απολλοδοτου, Co., Ded., s. II, *IG* IX 1, 708, 1;

Απολλοδωρ-, -ος, Acr., C.Ofr., s III/II, *IG* XIV 1, 212, I 3; Co.,
   Ded., s. II, *IG* IX 1, 708, 1; -ου, Acr., C.Np., s. III/II,
   IG XIV 1, 209, 3; Co., *V.I.*, s. II/I, *IG* IX 1, 749; *IG* IX
   1, 750, 1/2;

Απολλ[ου], Delfos, Ded., *ca.* 478, Jeffery, *Plate* 51.9, 3;

Απολλωνιατ-, -α, Co., Decr., *ca.* 182/178, *IG* IX 1, 689, 11; -αν,
   Mag., T.H., s. II, *IvM* 45, 20, 26; Απολ[λωνιαταν], *ibid.*,

44/45; -ω, *ibid.*, 1;

Απολλων-, -ιος, Acr., C.Ofr., s. III/II, *IG* XIV 1, 211, I 8;
-[ν]ιου, Syr., C.Np., s. III?, *IG* XIV 1, 8, 10; -ου, Acr.,
C.Ofr., s. III/II, *IG* XIV 1, 211, I 9; Mag., T.H., *ca.* 200,
IvM 72, 3; -ιφ, Acr., D.D.T., s. III/II, *IG* XIV 1, 217, 48;
Απολλωνος, C., Ded., s. IV/III?, *IG* IV 363, 1; Mag., T.H., s. III,
IvM 44, 6; Mag., T.H., s. II, *IvM* 45, 51;

(απολογιζω), -ελογιξατο, Mag., T.H., s. III, *IvM* 44, 11;
-[ι]ξαμενων, Mag., T.H., *ca.* 200, *IvM* 72, 13/14;
-ιξ[αμεμων], *ibid.*, 21; -ιξασθαι, Mag., T.H., *ca.* 200, *IvM*
72, 36/37; -ιξασθω, Co., D.D., s. III/II, *IG* IX 1, 694,
94/95; -ιξασθωσαν, *ibid.*, 97; -ιξωνται, *ibid.*, 104;

[α]ποξυσ[ι], N., *R.A.*, s. IV, *IG* IV 481, 6;

απορθωματος, Co., C.C., *in.* s. III, *IG* IX 1, 691, 2;

(αποστελλω), -εσταλχε, Mag., T.H., s. III, *IvM* 44, 8; -σταλλωντι,
Mag., T.H., s. III, *IvM* 44, 28, 30; -στειλαι, Co., D.D., s.
III/II, *IG* IX 1, 694, 30/31, 132/133; -στειλατω, *ibid.*, 15;
-στειλαντω, *ibid.*, 79/80; -στειληι, *ibid.*, 26; -στελλειν,
Mag., T.H., *ca.* 200, *IvM* 72, 33; αφεστα[λχα]ντ[ι], Mag.,
T.H., *ca.* 200, *IvM* 46, 5;

αποστρεφω, N., C.M., *ex.* s. IV, *SEG* XXX 353, 1, 10;

(αποτινω), -τεισατω, Co., D.D., s. III/II, *IG* IX 1, 694, 110;
-τ(ε)ισατω, *ibid.*, 101; -τ(ε)ισαντω, *ibid.*, 69, 71,75;

(αποφθινω), -φθιμενοιο, Co., Epit. (I.M.), *ca.* 227, *IG* IX 1, 873,
1; -φθιμενου, Co., Epit. (I.M.), *ca.* 229, *IG* IX 1, 872, 1;

Α[π]ταραιωι, Co., T.H., s. III, *IG* IX 1, 693, 9;

Αραϑϑοιο, Co., Epit. (I.M.), *in.* s. VI, *IG* IX 1, 868, 2;

Αρβλοσωνος, Co., *V.I.*, s. IV, *SEG* XXV 610;

Αργ-, -ειο..., N., Decr., *ca.* 145, *SEG* XXIII 180, 8; -ειοι, N.,
    Ded., s. IV/III, *IG* IV 487, 1; Sy., Ded., s. I, *IG* IV 430,
    3; Cl., Ded.?, s. I, *IG* IV 489; -ειος, C., T.V., s. VII/VI,
    DGE 122.8; [Αργ]ειους, N., Decr., *ca.* 145 *SEG* XXIII 180,
    14; -ειων, N., Decr., *ca.* 229, *SEG* XXIII 178, 10;
    Αρ[γειων], *ibid.*, 11;

Αργοφιλος, Sy., Decr., *ca.* 500, *SEG* XI 244, 51;

αργυρ-, -ιου, Co., D.D., s. III/II, *IG* IX 1, 694, 9, 28, 34/35,
    42, 44, 50, 62, 68, 89, 90, 96, 97, 101, 103, 113, 115,
    123, 136, 139; -ιου, Mag., T.H., s. III, *IvM* 44, 32; Co.,
    D.D., s. III/II, *IG* IX 1, 694, 4, 7, 10, 40, 61, 66/67, 69,
    101/102, 107, 112, 122, 131; Mag., T.H., *ca.* 200, *IvM* 46,
    41; [αργυ]ριου, *ibid.*, 42;

Αρεταδ[ας], C., Ded.?, s. VII/VI, *IG* IV 304;

αρετας, Acr., *V.I.* (I.M.), s. II/I, *SEG* XXXI 823, A 4; C., T.H.,
    ca. 196/195, *SEG* XXII 214, 3;

Αρετη, Co., Epit., s. II?, *IG* IX 1, 899;

Αρε̄ς, Co., Epit. (I.M.), *in.* s. VI, *IG* IX 1, 868, 1;

Αριστ..., Co., *V.I.*, *ca.* 500, *SEG* XXX 524, 5; C., Ded.?, s. V?, *IG*
    IV 305;

Αρισταγορας, I., Epit., s. IV?, *IG* IV 199;

Αρισταινετου, Cl., Epit., s. III/II?, *SEG* XXVI 422;

Αρισταιν[ος], C., T.H., *ca.* 196/195, *SEG* XXII 214, 2;

αρισταις, Mag., T.H., *ca.* 200, *IvM* 46, 23;

Αρισταυδροιο, Co., Epit. (I.M.), s. III, *IG* IX 1, 874, 5;

Αριστε-, -α, Acr., C.Np., s. III/II, *IG* XIV 1, 209, I 8; Co.,
    V.I., s. II, *IG* IX 1, 752; -ας, Acr., C.Ofr., s. III/II, *IG*
    XIV 1, 211, I 12;

Αριστειδα, Syr., T.V., s. III/II, *SEG* XIX 607, B 1/2;

Αριστεος, Mag., T.H., *ca.* 200, *IvM* 72, 13;

(αριστευω), -ουτα, Co., Epit. (I.M.), *in.* s. VI, *IG* IX 1, 868, 3;

Αριστηνος, CorN., Decr., *ca.* 385, *DGE* 147, 28;

Αριστιδα, C., T.V., s. III, *SEG* XI 216 a;

Αριστις, N., Ded., *ca.* 560, *SEG* XI 290, 1;

Αριστιον, Sy., Decr., *ca.* 500, *SEG* XI 244, 49;

Αριστο..., C., T.V., s. IV?, *SEG* XI 209;

Αριστοβουλα, Syr., Ded., s. III?, *IG* XIV 1, 4, 1;

Αριστοβουλ-, -ος, Sy., Decr., *ca.* 500, *SEG* XI 244, 61; -ου, Ph.,
    Ded.?, s. IV/III?, *IG* IV 461, 2;

Αριστογειτ-, -ος, Acr., C.Np., s. III/II, *IG* XIV 1, 208, 5; -ου,
    Acr., C.Ofr., s. III/II, *IG* XIV 1, 211, II 6; -ωι, Acr.,
    D.D.T., s. III/II, *IG* XIV 1, 217, 21;

Αριστογειτου, Sy., Decr., *ca.* 500, *SEG* XI 244, 66;

Αριστοδαμαν[τι], Co., Decr.?, s. III, *IG* IX 1, 695, 4;

Αριστοδαμ-, -ου, Mag., T.H., s. III, *IvM* 44, 9, 37; Mag., T.H.,
    ca. 200, *IvM* 46, 34; Mag., T.H., s. II, *IvM* 45, 41;
    Αρι[σ]τ[οδαμ]ου, Mag., T.H., *ca.* 200, *IvM* 46. 6; -ος, Sy.,

Decr., *ca.* 500, *SEG* XI 244, 71; Co., Decr.?, s. III?, *IG* IX
1, 695, 2; -ου, Acr., Ded., s. III?, *IG* XIV 1, 204, 1;
Mag., T.H., s. II, *IvM* 45, 5/6; -ωι, Acr., D.D.T., s.
III/II, *IG* XIV 1, 217, 46;

Αριστοχ..., Sy., C.Np., *ca.* 460/450, *IG* IV 425, 7;

Αριστοχλειδας, Sy., Decr., *ca.* 500, *SEG* XI 244, 64;

Αριστοχλ-, -εος, Co., C.Np., *ex.* s. IV, *IG* IX 1, 976, 5; Acr.,
C.Np., s. III/II, *IG* XIV 1, 210, 7; Co., *V.I.*, s. II, *IG* IX
1, 753; -εους, Co., *V.I.*, s. II, *IG* IX 1, 754, 1;

Αριστοχρατ-, -εος, Co., C.Np., *ex.* s. IV, *IG* IX 1, 976, 6; Acr.,
C.Ofr., s. III/II, *IG* XIV 1, 211, I 6; [Αρι]στοχρατη, N.,
Decr., *ca.* 145, *SEG* XXIII 180, 2;

Αριστολαιδα, Co., Epit., s. III?, *IG* IX 1, 890, 2; Co., D.D., s.
III/II, *IG* IX 1, 694, 2, 39;

Αριστομαχ-, -ος, Acr., C.Np., s. III/II, *IG* XIV 1, 209, I 6; Acr.,
C.Ofr., *IG* XIV 1, 212, II 2; [Αρι]στομαχος, Sy., Ded., s.
II, *IG* IV 431, 1; Αρ[ιστ]ομαχου, N., Decr., *ca.* 229, *SEG*
XXIII, 178, 25;

Αριστομεν-, -ει, Co., D.D., s. III/II, *IG* IX 1, 694, 123; -εος,
ibid., 1, 35, 37, 39, 43, 49, 50, 51, 64, 106, 111/112,
126, 128/129, 129; Co., *V.I.*, s. II, *IG* IX 1, 755; Mag.,
T.H., s. II, *IvM* 45, 2; -η, Co., D.D., s. III/II, *IG* IX 1,
694, 57, 59; -ηι, *ibid.*, 111; -ης, *ibid.*, 2; Acr., C.Ofr.,
s. III/II, *IG* XIV 1, 211, II 11; Le., Decr., *in.* s. II, *IG*
IX 1, 534, 10/11; Αριστομε(νης), C., T.V., s. II, *SEG* XI

217 a;

[Αρι]στομēδē[ϛ], P., T.V., *ca.* 600/575, *SEG* XXII 243 c;

Αριστοξεν-, [Αρ]ιστοξεν[οϛ], N., Decr., *ca.* 229, *SEG* XXIII 178,
27; -ου, Acr., C.Np., s. III/II, *IG* XIV 1, 209, II 2;

Αριστοφαυης, Acr., C.Np., s. III/II, *IG* XIV 1, 211, I 10;

Αριστοφιλ[οϛ], C., T.V. (Ded.), s. V?, *IG* IV 306;

Αριστōυ, Sy., Decr., *ca.* 500, *SEG* XI 244, 20; [Αρι]στōυοϛ, P.,
T.V., s. VI, *SEG* XXII 243 g; [Α]ριστωυο[ϛ], Syr., C.Np., s.
III?, *IG* XIV 1, 8, 3; -ωυοϛ, Acr., Ded., s. III?, *IG* XIV 1,
205, 2;

Αρχαδι, Co., T.H., s. III, *IG* IX 1, 693, 19;

Αρχι-, -ωυ, Le., Decr., *in.* s. II, *IG* IX 1, 534, 9; -ωυοϛ, *ibid.*,
9;

Αρχοιδαϛ, N., *V.I.*, s. V, *SEG* XXIX 351, B 2;

αρματεσσι, Co., D.D., s. III/II, *IG* IX 1, 694, 53, 63;

Αρμοδιο[ϛ], Sy., C.Np., *ca.* 460/450, *IG* IV 425, 4;

(αρμοζω), -ζειυ, Co., T.H., 1/2 s. III, *IG* IX 1, 683, 6;

[Α]ρυεμιοϛ, C., Ded.?, s. VII/VI, *IG* IV 322;

Αρυιαδα, Co., Epit. (I.M.), *in.* s. VI, *IG* IX 1, 868, 1;

Αρυου, Acr., *V.I.*, s. II/I, *SEG* XXXI 822, C 7;

Αρπαλιδι, Co., Epit. (I.M.), s. III, *IG* IX 1, 874, 4;

Αρταμιτ-, -[οϛ], Ph., Ded., *ca.* 550, *IG* IV 440; [Αρ]ταμιτι, Co.,
Ded., s. III, *IG* IX 1, 706, 2;

Αρτεμι-, -δι, Mag., T.H., *ca.* 200, *IvM* 41, 6, 11; Mag., T.H., s.
II, *IvM* 45, 14; -[δοϛ], Mag., T.H., *ca.* 200, *IvM* 46, 8; -υ,

20

Mag., T.H., s. III, *IvM* 44, 25; Mag., T.H., *ca.* 200, *IvM* 46, 17; Mag., T.H., s. II, *IvM* 45, 10; -τι, Mag., T.H., s. III, *IvM* 44, 5; Mag., T.H., *ca.* 200, *IvM* 42, 9; *IvM* 72, 20; *IvM* 46, 39; [Αρ]τεμιτι, *ibid.*, 19; Αρ[τ]εμιτι, *ibid.*, 29; -τος, Mag., T.H., s. III, *IvM* 44, 21;

Αρτεμιδωρ-, -[ος], Mag., T.H., *ca.* 200, *IvM* 72, 4; -ου, Acr., D.D.T., s. III/II, *IG* XIV 1, 217, 11; -ωι, *ibid.*, 9, 13;

Αρτεμιτι-, -ου, Co., D.D., s. III/II, *IG* IX 1, 694, 92, 98; -ῳ, Acr., D.D.T., s. III/II, *IG* XIV 1, 217, 14, 27; -ωι, Co., D.D., s. III/II, *IG* IX 1, 694, 62;

Αρτεμοχλεα, Co., Epit., s. II?, *IG* IX 1, 900, 1/2;

Αρτεμων, Acr., C.Np., s. III/II, *IG* XIV 1, 208, 6; -νος, Acr., C.Np., s. III/II, *IG* XIV 1, 209, II 3; *IG* XIV 1, 210, 4; Acr., C.Ofr., s. III/II, *IG* XIV 1, 212, II 9; Αρτεμ[ωνος], Acr., Ded., s. II?, *IG* XIV 1, 213, 2;

Αρχαγαθ-, -ος, Acr., C.Np., s. III/II, *IG* XIV 1, 210, 3; Acr., C.Ofr., s. III/II, *IG* XIV 1, 212, II 6; -ου, Acr., C.Ofr., s. III/II, *IG* XIV 1, 211, I 10; *IG* XIV 1, 212, II 6; Acr., D.D.T., s. III/II, *IG* XIV 1, 217, 48;

αρχαγετιδι, Mag., T.H., *ca.* 200, *IvM* 41, 6; *IvM* 46, 19;

Αρχαγοραι, Co., T.H., s. III, *IG* IX 1, 693, 16;

αρχ-, -αι, Mag., T.H., s. III, *IvM* 44, 29; -αυ, Acr., Decr., *ca.* 483/482, *SEG* XII 407, 4; -η, Co., D.D., s. III/II, *IG* IX 1, 694, 84;

αρχαια, Acr., *V.I.* (I.M.), s. II/I, *SEG* XXXI 823, B 8;

Αρχανδρου, Le., Decr., *in.* s. II, *IG* IX 1, 534, 11;

αρχε···, Ph., Decr., *ca.* 600/550, *SEG* XI 275, 7;

Αρχεδαμ-, -[ος], Acr., Ded., s. II?, *IG* XIV 1, 213, 4; -ωι, Acr.,

D.D.T., s. III/II, *IG* XIV 1, 217, 36, 40;

Αρχελαιδα, Co., Epit., s. II, *IG* IX 1, 901;

Αρχελα-, [Αρ]χ[ε]λαος, CorN., Decr., *ca.* 385, *DGE* 147, 19; -ου,

Le., Decr., *in.* s. II, *IG* IX 1, 534, 9;

Αρχελοχου, Ph., Epit., s. V, *IG* IV 451;

Αρχενοος, Sy., Decr., *ca.* 500, *SEG* XI 244, 43;

Αρχια, Co., *V.I.*, s. II/I, *IG* IX 1, 756;

αρχιθεωρου, Mag., T.H., s. III, *IvM* 44, 37; Mag., T.H., *ca.* 200,

IvM 46, 33;

Αρχιχλειδα, Ph., Ded.?, s. IV?, *IG* IV 462, 2;

Αρχιμηδης, Co., Epit., s. II?, *IG* IX 1, 902;

Αρχισ···, C., Ded.?, s. IV/III?, *SEG* XI 189 a;

αρχιτεκτονος, Co., D.D., s. III/II, *IG* IX 1, 694, 145;

(αρχω), -ξ[ω]νται, Co., D.D., s. III/II, *IG* IX 1, 694, 17;

-χοντες, *ibid.*, 22, 80, 82, 101; Acr., C.Np., s. III/II, *IG*

IX 1, 210, 2;

[Αρ]χ[ω]νιδας, Acr., Ded.?, s. III?, *IG* XIV 1, 214, 2;

ασκαλαβος, C., T.V., s. VII/VI, *DGE* 121.3;

[Ασκλα]πιαδας, C., C.Np., 1/2 s. III, *SEG* XXV 330, 8;

Ασκλαπιεια, Sy., C.J., *ca.* 260/220, *IG* IV 428, 7;

Ασκλα[πιωι], C., T.V., s. IV?, *SEG* XI 208;

Ασκλαπιων, Sy., Ded., s. II, *IG* IV 431, 2;

Ασχληπιοδωρου, Co., *V.I.*, s. II, *IG* IX 1, 757; Ασσχληπιοδω[ρου],
      Co., Ded.?, s. III?, *IG* IX 1, 833;

Ασōποδōρος, C., Ded., s. VI, *IG* IV 225;

Αστεια, Co., Epit. (I.M.), s. II, *IG* IX 1, 875, 4;

Αστειος, Ph., C.Np., s. IV, *SEG* XXVI 416, 5;

αστυ, Sal., *V.I.* (I.M.), *ca.* 480, *DGE* 126, 1;

ασυλ-, -ου, Mag., T.H., s. III, *IvM* 44, 36; Mag., T.H., *ca.* 200,
      IvM 42, 15; *IvM* 46, 18; Mag., T.H., s. II, *IvM* 45, 28;
      ασυ[λου], Mag., T.H., *ca.* 200, *IvM* 46, 32/33; [α]σ[υ]λου,
      Mag., T.H., s. II, *IvM* 45, 12; -ος, C., L.T., s. V, *DGE*
      126[a];

[Ασ]χλαβι[ωι], C., T.V., s. IV?, *SEG* XI 208;

ατεχνου, Co., Epit. (I.M.), *ca.* 227, *IG* IX 1, 873, 3;

[ατ]ελειαυ, Acr., Decr., *ca.* 483/482, *SEG* XII 407, 2;

ατερου, C., *V.I.*, *ca.* 600, *SEG* XXVI 393; Co., D.D., s. III/II, *IG*
      IX 1, 694, 17;

Ατταλου, Co.,T.H. (D.P.), *ca.* 182, *IG* IX 1, 686, 2/3, 16;

αυ, Co., Decr., *ca.* 182/178, *IG* IX 1, 689, 18;

(αυδαω), -α, Acr., *V.I.*, s. II/I, *SEG* XXXI 822, B 1;

αυλετας, Co., D.D., s. III/II, *IG* IX 1, 694, 20, 85;

αυτοχρατορα, Co., T.H., *ca.* 19/13, *IG* IX 1, 723, 2;

Αυτομεδōυ, C., T.V., s. VI, *SEG* XI 198 e;

αυτοποεια, C., Ded., s. VI, *IG* IV 222;

(αυτος), -α, Mag., T.H., s. III, *IvM* 44, 25; -αι, *ibid.*, 5, 26;
      Sy., C.J., *ca.* 260/220, *IG* IV 428, 3, 7; -αις, Co., T.H.,

1/2 s. III, *IG* IX 1, 683, 10; Acr., *V.I.* (I.M.), s. II/I,
SEG XXXI 823, B 6; -ος, Mag., T.H., s. III, *IvM* 44, 23;
Co., T.H., *ca.* 19/13, *IG* IX 1, 723, 3; -ο, Co., T.H., s.
III?, *IG* IX 1, 684, 3; Co., D.D., s. III/II, *IG* IX 1, 694,
74; -ογ, Co., T.H.(D.P.), *ca.* 182, *IG* IX 1, 685, 5/6; -οι,
Co., D.D., s. III/II, *IG* IX 1, 694, 55, 124, 125; Mag.,
T.H., *ca.* 200, *IvM* 42, 13; [αυτ]ο, Mag., T.H., *ca.* 200, *IvM*
46, 7; [α]υτοι, Mag., T.H., *ca.* 200, *IvM* 72, 15; -οις,
CorN., Decr., *ca.* 385, *DGE* 147, 8; Mag., T.H., s. III, *IvM*
44, 15, 20, 39; Mag., T.H., *ca.* 200, *IvM* 41, 4; *IvM* 46, 15;
IvM 72, 38; Co., T.H. (D.P.), *ca.* 182, *IG* IX 1, 686, 6; *IG*
IX 1, 687, 6; *IG* IX 1, 688, 5; -ου, Co., T.H. (D.P.), *ex.*
s. IV, *IG* IX 1, 682, 7; C., T.H. (D.P.), *ex.* s. III, *SEG*
XXV 325, 9; Co., T.H. (D.P.), *ca.* 182, *IG* IX 1, 686, 5; *IG*
IX 1, 687, 4; Co., Epit. (I.M.), s. II, *IG* IX 1, 875, 4;
[αυτ]ος, Mag., T.H., *ca.* 200, *IvM* 46, 24; -ου, Ac., Epit.,
s. V, *DGE* 140, 3; Syr., T.H., s. III?, *IG* XIV 1, 10, 4;
Sy., Decr., *ex.* s. III, *IG* IV 426, 5; -ους, Co., D.D., s.
III/II, *IG* IX 1, 694, 46; αυ[του]ς, Mag., T.H., *ca.* 200,
IvM 46, 5; [αυτ]ους, *ibid.*, 36; αυτο[υς], Mag., T.H., s.
II, *IvM* 45, 46; [αυ]τους, CorN., Decr., *ca.* 385, *DGE* 147,
5/6; -ōι, Co., Epit. (I.M.), *in.* s. VI, *IG* IX 1, 867, 2, 5;
C., T.V. (Ded.), *ca.* 580/575, *SEG* XIV 303 b; -ωι, Co., T.H.
(D.P.), *ca.* 182, *IG* IX 1, 685, 7; αυ[τωι], Mag., T.H., *ca.*
200, *IvM* 46, 25; -ων, Mag., T.H., s. III, *IvM* 44, 13, 35;

Co., D.D., s. III/II, *IG* IX 1, 694, 62; Mag., T.H., *ca.*
200, *IvM* 41, 6; *IvM* 42, 15; Mag., T.H., s. II, *IvM* 45, 28;
[α]υτων, Mag., T.H., *ca.* 200, *IvM* 46, 9; αυ[τ]ων, Mag.,
T.H., s. II, *IvM* 45, 22;

αυτοσαυτου, Co., T.H., s. III?, *IG* IX 1, 684, 4;

αυτωντα, Th.H., *V.I.*, F.D., *IG* XIV 1 316, 2;

(αφαιρεω), -ειλετο, Co., T.H., 1/2 s. III, *IG* IX 1, 683, 3;

Αφιαρεος, C., T.V., s. VII/VI, *DGE* 122.8;

Αφιτρ-, -εταν, C., Ded., *ca.* 625/600, *IG* IV 295; -ιτα, C., Ded.,
s. V?, *IG* IV 297; -ι[τα], C., Ded., *ca.* 525, *IG* IV 294;
-[ιτ]ας, C., Ded., s. V?, *IG* IV 296;

[αφ]ορμαν, C., Ded., *in.* s. V, *IG* IV 213;

Αφροδ-, -εισια, Ph., Epit., s. II/I, *IG* IV 473, 1; -ισια, Co.,
Epit., s. II?, *IG* IX 1, 903;

Αφροδ-, -εισιου, C., Ded.?, s. IV/III, *SEG* XI 190; -ισιου, Acr.,
D.D.T., s. III/II, *IG* XIV 1, 217, 2, 22; -ισιος, Sy., Ded.,
s. III/II, *SEG* XI 252, 1;

Αφροδειτη[ς], Co., L.T., F.D., *IG* IX 1, 703;

Αφροδιτ-, -α, C., T.V., s. IV, *SEG* XI 204; -αι, Acr., Ded., s.
III?, *IG* XIV 1, 206; Acr., C.Np., s. III/II, *IG* XIV 1, 208,
4; *IG* XIV 1, 210, 1; Acr., C.Ofr., s. III/II, *IG* XIV 1,
211, 1; Co., Ded., F.D., *IG* IX 1, 714; Αφρο[διται], Acr.,
C.Np., s. III/II, *IG* XIV 1, 209, 1; [Α]φροδιται, Co., Ded.,
F.D., *IG* IX 1, 715; -ας, C., T.V., *ca.* 500, *SEG* XI 200;

Αχαικη, Ph., Epit., s. II?, *SEG* XXVI 417, 1;

Αχαιοι, Mag., T.H., *ca.* 200, *IvM* 41, 15;

Αχαμας, C., T.V., s. VII/VI, *DGE* 121.3;

αχαρι[στους], Acr., *V.I.*, s. II/I, *SEG* XXXI 822, A 7;

Αχιλ(λ)ευς, Sy., T.V., s. V?, Krestchmer 51.35; [Αχ]ιλευς, C.,
    Ded.?, s. V?, *IG* IV 314; Αχιλλεους, C., T.V., s. VII/VI,
    DGE 121.4; Αχιλλευς, C., T.V., s. V?, Krestchmer, 19.9, 17;
    C., T.V., s. VII/VI, *DGE* 122.6;

αχνυμενοι, Co., Epit. (I.M.), *ca.* 229, *IG* IX 1, 872, 4;

αχρι, Co., D.D., s. III/II, *IG* IX 1, 694, 134;

βαθεος, Sy., Decr., *ca.* 500, *SEG* XI 244, 6;

βαθειαν, Co., T.H., s. III, *IG* IX 1, 693, 10;

Βαθου, Le., Decr., *in.* s. II, *IG* IX 1, 534, 5;

βαιου, Co., Epit. (I.M.), *in.* s. I, *IG* IX 1, 877, 1;

Βαλιος, C., T.V., s. VII/VI, *DGE* 122.6; C., T.V., s. V?,
    Krestchmer, 23.9, 27; Krestchmer 23.9, 28;

βαλσα(μοις), Acr., D.D.T., s. III/II, *IG* XIV 1, 217, 14;

βαρ[β]αρους, Mag., T.H., *ca.* 200, *IvM* 46, 10;

(βαρναμαι), -μενου, Co., Epit. (I.M.), *in.* s. VI, *IG* IX 1, 868, 2;
    -μενος, Ac., Epit., s. V, *DGE* 140, 4;

βασιλ-, -εα, Syr., Ded., *ca.* 250, Ditt. I 428, 2; Sy., T.H., *ca.*
    221/216, *IG* IV 427, 1; -εος, Syr., *V.I.*, s. III, *SEG* XVI
    355; Syr., Ded., *ca.* 270, *IG* XIV 1, 2, 1; Syr., Ded., *ca.*
    250, Ditt. I 428, 2; [β]ασιλ[εος], Syr., Ded., *ca.* 270, *IG*
    XIV 1, 3, 4; -εων, Syr., F.J., s. III, *IG* XIV 1, 6, I 2;
    -εως, Co., Ded.?, s. III?, *IG* IX 1, 832; Acr., Ded., s.
    III, *IG* XIV 1, 215, B 1;

βασιλεια, Sy., C.J., *ca.* 260/220, *IG* IV 428, 2;

βασιλισσας, Syr., Ded., s. III?, *IG* XIV 1, 3, 2, 3;

Βατου, C., T.V., s. VII/VI, *DGE* 122.8;

[Β]αχχιδαν, Co., Decr.?, s. III, *IG* IX 1, 695, 2;

Βια, C., Ded., *ca.* 600/575, *IG* IV 245, A 2;

βιαιων, N., Decr., *ca.* 229, *SEG* XXIII 178, 12;

βιου, Co., Epit. (I.M.), *ca.* 227, *IG* IX 1, 873, 4;

Βιο͞υ, Syr., Ded., *ca.* 480, *DGE* 144.1, 5;

(βλαπτω), -η, Co., Decr., 1/2 s. II, *IG* IX 1, 692, 5;

βλαψιφρουος, Sy., Epit. (I.M.), s. IV, *SEG* XV 195, 2;

(βλωσκω), εμολου Sy., Epit. (I.M.), s. IV, *SEG* XV 195, 3;

βοαθειαυ, Mag., T.H., *ca.* 200, *IvM* 46, 9;

Βοασο͞υι, C., Ded., s. V?, *IG* IV 357;

Βοιλί[λ]α, Co., Epit., s. II, *IG* IX 1, 904;

Βοισχ-, -ου, Co., T.H. (D.P.), *ca.* 182, *IG* IX 1, 688, 2, 18; -ου,
    Co., *V.I.*, s. II, *IG* IX 1, 758; *IG* IX 1, 759;

Βουβαλου, Co., *V.I.*, s. II/I, *IG* IX 1, 760; *IG* IX 1, 761;

βουλ-, -α, Co., D.D., s. III/II, *IG* IX 1, 694, 8, 72; -αι, *ibid.*,
    11, 42, 48/49, 140; Mag., T.H., *ca.* 200, *IvM* 46, 23; Co.,
    Epit. (I.M.), *in.* s. I, *IG* IX 1, 877, 4; -αισιυ, *ibid.*, 9;
    -αυ, Co., D.D., s. III/II, *IG* IX 1, 694, 44, 95, 98; Mag.,
    T.H., *ca.* 200, *IvM* 46, 6; -ας, Syr., F.J., s. III, *IG* XIV
    1, 7, II 1; Co., D.D., s. III/II, *IG* IX 1,694, 18, 83, 114;

Βουλεος, C., Ded.?, s. IV/III, *SEG* XI 188;

βουλευτηριωι, Mag., T.H., *ca.* 200, *IvM* 46, 46;

(βουλομαι), -ωνται, N., *V.I.*, s. III, *SEG* XXIII 184, 4;

βουνου, Co., Decr., *ca.* 182/178, *IG* IX 1, 690, 7;

Βυβλου, Co., T.H., *ca.* 53, *IG* IX 1, 722, 2;

βωλας, N., Decr., s. III, *IG* IV 479, 3;

βωμου, Co., C.C., *in.* s. III, *IG* IX 1, 691, 4; Syr., Ded.?, s.
    III?, *IG* XIV 1, 4, 4;

γα, Sy., Decr., *ca.* 500, *SEG* XI 244, 2;

Γαζα, Syr., T.V., s. II/I, *SEG* XVI 538 II;

γα-, -ια, Co., Epit. (I.M.), *ca.* 229, *IG* IX 1, 871, 2; -ιαι, Co., Epit. (I.M.), *ca.* 227, *IG* IX 1, 873, 3;

Γαιου, Co., T.H., *ca.* 59, *IG* IX 1, 722, 2;

γαμορου, Acr., Decr., *ca.* 483/482, *SEG* XII 407, 3;

γα-, -υ, Co., Decr.?, s. III?, *IG* IX 1, 695, 3; -ς, Ac., Epit., s. V, *DGE* 140, 3; Co., T.H. (D.P.), *ex.* s. IV, *IG* IX 1, 682, 9; Co., T.H. (D.P.), *ca.* 182, *IG* IX 1, 685, 7; *IG* IX 1, 687, 6; *IG* IX 1, 688, 6; γης, Co., Epit. (I.M.), *in.* s. I, *IG* IX 1, 877, 2;

γαστρος, N., C.M., *ex.* s. IV, *SEG* XXX 353, 7;

(γε), γ´, Co., Epit. (I.M.), s. I, *IG* IX 1, 878, 2;

Γελōυ, Syr., Ded., *ca.* 480, *DGE* 144.1, 1; Γελωνα, Syr., Ded., *ca.* 250, Ditt. I 428, 2;

γενεαυ, Co., Epit. (I.M.), *in.* s. VI, *IG* IX 1, 867, 2;

γενυαυ, Co., Epit. (I.M.), s. I, *IG* IX 1, 879, 5;

(γιγνομαι), γεγενημεν[α], Mag., T.H., *ca.* 200, *IvM* 46, 8; γεγενημενος, Mag., T.H., s. III, *IvM* 44, 13; Mag., T.H., *ca.* 200, *IvM* 46, 12; [γεγενημε]νος, Mag., T.H., *ca.* 200, *IvM* 72, 14/15; γεγουοτα[ς], N., Decr., *ca.* 145, *SEG* XXIII 180, 12; γενεται, Co., Epit. (I.M.), s. I, *IG* IX 1, 878, 7; γενηται, Co., D.D., s. III/II, *IG* IX 1, 694, 135; γενοιτο, *ibid.*, 18, 25, 83, 84, 132; γενομενου, Mag., T.H., s. III,

IvM 44, 43; Co., T.H. (D.P.), *ca.* 182, *IG* IX 1, 686, 14; *IG*
IX 1, 688, 16; γ[ευ]ομενου, Co., T.H. (D.P.), *ca.* 182, *IG*
IX 1, 685, 20; γενομενους, Mag., T.H., s. III, *IvM* 44, 29;
Co., T.H., 1/2 s. III, *IG* IX 1, 683, 8; γινεσθω, Co., D.D.,
s. III/II, *IG* IX 1, 694, 10/11, 139, 140; γινηται, *ibid.*,
138; Mag., T.H., *ca.* 200, *IvM* 46, 45; γινομενα, Co., D.D.,
s. III/II, *IG* IX 1, 694, 92; εγενηθη, Co., T.H., s. III?,
IG IX 1, 684, 6;

Γλαυχ-, -ε, Co., Epit., s. II?, *IG* IX 1, 905; -ου, Co., D.D., s.
III/II, *IG* IX 1, 694, 37; -ωι, Co., C.C., *in.* s. III, *IG* IX
1, 691, 11;

Γλυχ-, [...], C., Ded.?, s. IV/III?, *SEG* XI 189 b; I., Ded.?, *ca.*
350/250, *SEG* XIV 301 b; -υς, C., T.V., s. IV, *SEG* XI 204;

γλωσσαυ, Co., C.M., s. III, *IG* IX 1, 977, 2/3, 4, 6, 7, 9;

Γναθι-, -ος, Co., T.H. (D.P.), *ex.* s. IV, *IG* IX 1, 682, 4; -ου,
Co., V.I., *ca.* 500, *SEG* XXX 523, 1;

γοερου, Co., Epit. (I.M.), s. I, *IG* IX 1, 878, 4;

γομφων, Co., C.C., *in.* s. III, *IG* IX 1, 691, 11;

[Γ]ουυεως, Co., Decr., *ca.* 182/178, *IG* IX 1, 689, 7;

Γοργος, Mag., T.H., *ca.* 200, *IvM* 41, 18;

γραμματ-, -α, Le., Decr., *in.* s. II, *IG* IX 1, 534, 1; -ος, Co.,
D.D., s. III/II, *IG* IX 1, 694, 142;

γραμματευς, Acr., C.Np., s. III/II, *IG* XIV 1, 208, 11; *IG* XIV 1,
209, II 5; Acr., C.Ofr., s. III/II, *IG* XIV 1, 211, II 4; *IG*

XIV 1, 212, II 4;

γραφ-, -αμ, Acr., *V.I.*, s. II/I, *SEG* XXXI 822, C 10; -αυ, *ibid.*, A
4;

γ[ραφι]δος, Co., Epit. (I.M.), s. I, *IG* IX 1, 879, 4;

⟨γραφω⟩, γ[εγ]ραμμενα, Le., Decr., *in.* s. II, *IG* IX 1, 534, 1;
γεγραμμενου, Co., D.D., s. III/II, *IG* IX 1, 694, 116,
145/146; γεγραμμενω, *ibid.*, 67, 100; γεγραπται, *ibid.*,
64/65, 68, 74, 82, 123, 131/132; Co., T.H. (D.P.), *ca.* 182,
IG IX 1, 685, 12; γεγραπ[ται], Le., Decr., *in.* s. II, *IG* IX
1, 534, 4; γε[γραπται], Mag., T.H., *ca.* 200, *IvM* 41, 15;
γεγρ[α]πται, Co., T.H. (D.P.), *ca.* 182, *IG* IX 1, 686, 9/10;
γραψαι, Mag., T.H., s. III, *IvM* 44, 34; γραψαμενοι, Co.,
D.D., s. III/II, *IG* IX 1, 694, 115, 120; γραψαντας, Co.,
T.H. (D.P.), *ex.* s. IV, *IG* IX 1, 682, 10/11; Co., T.H.
(D.P.), *ca.* 182, *IG* IX 1, 685, 12; *IG* IX 1, 686, 12; *IG* IX
1, 688, 11; [ε]γραψε, C., Ded., *ca.* 575/550, *IG* IV 244;
εγραψε, C., T.V., s. VII/VI, *DGE* 122.6; C., Ded., *ca.*
600/575, *IG* IV 245, A 2;

γροπη, Mag., T.H., *ca.* 200, *IvM* 41, 17;

γρυπα, Cos, Decr., *ca.* 242, *SEG* XII 377, 1;

γυμνασιαρχ-, -[ιαρχοι], Acr., Ded., s. II?, *IG* XIV 1, 213, 3; -ωυ,
Sy., Ded., s. III/II?, *SEG* XIV 312, 1;

γυμνικου, Mag., T.H., s. III, *IvM* 44, 8; Mag., T.H., *ca.* 200, *IvM*
41, 8, 13; *IvM* 42, 10; *IvM* 46, 20; Mag., T.H., s. II, *IvM*

45, 16/17;

γυν[α], C., Ded., s. IV?, *IG* IV 359, 2/3;

γυψ, P., G., 1/2 s. VI, *SEG* XXII 238 b;

Δαζου, CorN., Decr., *ca.* 385, *DGE* 147, 2;

Δαιχρατης, Acr., C.Np., s. III/II, *IG* XIV 1, 209, II 2;

δαιμων, Acr., *V.I.*, s. II/I, *SEG* XXXI 822, B 15;

Δαιφοβος, C., T.V., s. VII/VI, *DGE* 122.4;

Δαιφō̄ν, C., T.V., s. VI, *SEG* XI 198 a;

δαιων, Acr., *V.I.*, s. II/I, *SEG* XXXI 822, C 9;

(δαχρυω), -ει, Co., Epit. (I.M.), s. I, *IG* IX 1, 878, 4;

Δαλιου, Syr., T.V., s. III/II, *SEG* XIX 607, B 3;

Δαμαγετου, Acr., C.Ofr., s. III/II, *IG* XIV 1, 211, I 11;

(δαμαζω), -σθης, Co., Epit. (I.M.), *ca.* 229, *IG* IX 1, 871, 3;

Δαμαινεος, Sy., Decr., *ca.* 500, *SEG* XI 244, 74;

Δαμαινετ-, -ου, C., Ded., *ex.* s. IV, *SEG* XXV 336, 1; -ος, Co.,
      C.Np., *ex.* s. IV, *IG* IX 1, 976, 4; Acr., C.Np., s. III/II,
      IG XIV 1, 209, I 7; -ου, Ph., Ded.?, s. IV?, *IG* IV 457;

δαμαρ, Acr., *V.I.*, s. II/I, *SEG* XXXI 822, B 6;

Δαμαρχου, Co., Decr., *ca.* 182/178, *IG* IX 1, 689, 14;

Δαμασ..., O., Ded.?, *ex.* s. VI, *IG* IV 417;

Δαματρ-, -ι, C., Ded., s. V, *SEG* XXV 339; I., Ded., s. IV, *SEG*
      XVIII 138; *SEG* XXII 209; Δαματρο[ς], C., T.V., s. V, *SEG*
      XXV 345 c; Δαματι[ρος], C., T.V., s. VI, *SEG* XXV 345 b;
      Δαμ[ατρος], C., T.V., s. VI, *SEG* XXV 345 a; C., Ded.?, s.
      IV/III, *SEG* XI 188;

Δαματρι-, -ου, Acr., C.Np., s. III/II, *IG* XIV 1, 210, 10;
      [Δαμ]ατριωι, Co., C.C., *in.* s. III, *IG* IX 1, 691, 2;

[Δα]μεα, Co., Decr., *ca.* 182/178, *IG* IX 1, 689, 13;

Δαμις, O., Epit.?, s. VI, *IG* IV 418;

(δαμνημι), [δμ]η[θ]εις, Co., Epit. (I.M.), s. I, *IG* IX 1, 878, 5;

Δαμο···, C., Ded., s. V?, *IG* IV 271;

Δαμοϝαυα(σ)σα, C., T.V., s. VII/VI, *DGE* 122.8;

Δαμοθεμιος, Syr., T.V., s. III?, *SEG* XVI 540 g;

Δαμοκλης, Acr., C.Np., s. III/II, *IG* XIV 1, 210, 4, 10;

Δαμοκρατ-, -εος, Sy., T.H., s. II, *SEG* XI 248, 1; [Δα]μοκρατεος,
        N., Decr., *ca.* 145, *SEG* XXIII 180, 4; Δαμοκ[ρ]α[τη], Co.,
        T.H., 1/2 s. III, *IG* IX 1, 683, 13; -ης, Acr., C.Ofr., s.
        III/II, *IG* XIV 1, 211, I 6; II 9;

Δαμοκρατ[ιδαι], Acr., D.D.T., s. III/II, *IG* XIV 1, 217, 26;

δαμ-, -[ου], Mag., T.H., *ca.* 200, *IvM* 46, 7; -ου, *ibid.*, 19, 26;
        IvM 72, 27; -ος, Co., Epit. (I.M.), *in.* s. VI, *IG* IX 1,
        867, 2; Syr., Ded., *ca.* 250, Ditt. I 428, 1; Sy., Decr.,
        ex. s. III, *IG* IV 426, 5; Mag., T.H., *ca.* 200, *IvM* 46, 24;
        Mag., T.H., s. II, *IvM* 45, 12; Co., T.H., *ca.* 19/13, *IG* IX
        1, 723, 1; -ου, Co., Epit. (I.M.), *in.* s. VI, *IG* IX 1, 867,
        3; Mag., T.H., *ca.* 200, *IvM* 42, 1/2; *IvM* 72, 11; -ωι, Co.,
        Epit. (I.M.), *in.* s. VI, *IG* IX 1, 867, 6; CorN., Decr., *ca.*
        385, *DGE* 147, 3; Mag., T.H., *ca.* 200, *IvM* 46, 23; Mag.,
        T.H., s. II, *IvM* 45, 25; [δα]μωι, Mag., T.H., *ca.* 200, *IvM*
        41, 9; [δ]αμωι, CorN., Decr., *ca.* 385, *DGE* 147, 16;
        [δαμ]ωι, Mag., T.H., *ca.* 200, *IvM* 72, 25/26;

Δαμος, C., T.V., s. V?, Krestchmer 23.9, 27;

δαμοσ-, -[ια], CorN., Decr., *ca.* 385, *DGE* 147, 13; -ιου, Co.,
Epit. (I.M.), *in.* s. VI, *IG* IX 1, 867, 4; Syr., *V.I.*, *ca.*
485/470, *SEG* XXIX 940;

Δαμοστρατου, Co., *V.I.*, s. II, *IG* IX 1, 762; *IG* IX 1, 763; *IG* IX
1, 764; Δαμοσ[τρατου], Co., *V.I.*, s. II, *IG* IX 1, 765;
Δαμ[οστρατου], Co., *V.I.*, s. II, *IG* IX 1, 766;
[Δαμοστρ]ατου, Co., *V.I.*, s. II, *IG* IX 1, 767;
Δαμοσ[τρ]α[του], Co., *V.I.*, s. II, *IG* IX 1, 768;

[δ]αμοτ[ελεος], Cl., Decr., *ca.* 575/550, *IG* IV 1607, 16/17;

Δαμουχιδας, Co., Decr.?, s. III?, *IG* IX 1, 695, 5;

Δαμοφιλ-, -ο[ς], C., Ded.?, s. V?, *IG* IV 307; -ου, Le., Ded., s.
V?, *DGE* 143; Co., *V.I.*, s. II/I, *IG* IX 1, 769;

Δαμοχαρις, Sy., Decr., *ca.* 500, *SEG* XI 244, 40;

Δαμυλου, Le., Decr., *in.* s. II, *IG* IX 1, 534, 6; Δαμυλ[ο]υ, *ibid.*,
6/7;

Δαμω, C., Ded., *ex.* s. IV, *SEG* XXV 336, 2;

Δαμōυ, I., T.V., s. VI, *SEG* XVII 133; Δαμωνος, Mag., T.H., *ca.*
200, *IvM* 72, 10; Δαμων[ος], Co., *V.I.*, s. II/I, *IG* IX 1,
770;

(δανειζω), -ζουτες, Co., D.D., s. III/II, *IG* IX 1, 694, 54;

(δε), δ´, Co., Epit. (I.M.), *in.* s. VI, *IG* IX 1, 867, 2, 5; Co.,
Epit. (I.M.), s. III, *IG* IX 1, 874, 5, 7; Co., Epit.
(I.M.), *ca.* 229, *IG* IX 1, 871, 4; *IG* IX 1, 872, 2; Acr.,

V.I., s. II/I, *SEG* XXXI 822, 17; Co., Epit. (I.M.), s. I,
IG IX 1, 879, 2; δε, Cl., Decr., *ca.* 575/550, *IG* IV 1607,
13; N., Ded., *ca.* 525, *SEG* XXVI 419, 2; CorN., Decr., *ca.*
385, *DGE* 147, 5, 7, 8; N., Decr.?, s. IV/III, *SEG* XXIX 347,
4; Mag., T.H., s. III, *IvM* 44, 35, 45; Co., D.D., s.
III/II, *IG* IX 1, 694, 8, 10, 19, 48, 49, 72, 108, 117, 122,
123, 144; Mag., T.H., *ca.* 200, *IvM* 46, 5; *IvM* 72, 38; Co.,
T.H. (D.P.), *ca.* 182, *IG* IX 1, 685, 7; *IG* IX 1, 686,
6; Acr., *V.I.*, s. II/I, *SEG* XXXI 823, 6, 8;

(δειχνυμι), εδειξαν, Mag., T.H., *ca.* 200, *IvM* 72, 15;

Δεινιας, Sy., Decr., *ca.* 500, SEG XI 244, 17;

Δεινομεν-, -εος, Syr., Ded., *ca.* 474, *DGE* 144.2, 1; -[εος], *ibid.*,
1;

δεχα, Co., T.H. (D.P.), *ex.* s. IV, *IG* IX 1, 682, 3; Co., C.C., *in.*
s. III, *IG* IX 1, 691, 9; Co., T.H., s. III, *IG* IX 1, 693,
5; Cos, Decr., *ca.* 242, *SEG* XII 377, 2; N., Decr., *ca.* 145,
SEG XXIII 180, 11;

δεχαδ-, -ας, Co., Epit. (I.M.), s. I, *IG* IX 1, 878, 6; -ες, Co.,
Epit. (I.M.), s. III, *IG* IX 1, 874, 1;

δεχαπεντε, Co., C.C., *in.* s. III, *IG* IX 1, 691, 11;

Δεχομια, Syr., Epit., s. II/I, *DGE* 145, 1;

Δελφ-, -οις, Mag., T.H., s. III, *IvM* 44, 14; Mag., T.H., *ca.* 200,
IvM 46, 28; Δελφ[οις], *ibid.*, 9; Δε[λ]φοις, *ibid.*, 17;
[Δ]ελφοις, Mag., T.H., s. II, *IvM* 45, 9, 22/23; -ωι, Co.,

T.H., s. III, *IG* IX 1, 693, 16;

Δεξανδρος, Sy., Decr., *ca.* 500, *SEG* XI 244, 54;

Δεξιαδας, Sy., Decr., *ca.* 500, *SEG* XI 244, 45;

[δε]ξιαν, Co., Epit. (I.M.), *in.* s. I, *IG* IX 1, 876, 4;

Δεξιθεος, Sy., Decr., *ca.* 500, *SEG* XI 244, 56;

Δεξιλος, C., T.V. (Ded.), *ca.* 625, *IG* IV 348;

Δεξιστρατος, N., Ded., s. IV/III, *IG* IV 487, 5;

Δερις, C., Ded.?, s. VII/VI, *IG* IV 308;

(δευρο), δευρ΄, Sy., Epit. (I.M.), s. IV, *SEG* XV 195, 3;

δευτερ-, -α[ς], Co., V.I., *ca.* 500, *SEG* XXX 522, 1/2; [δευτ]ερου,
     Co., Decr., *ca.* 182/178, *IG* IX 1, 689, 3;

(δεχομαι), δεδοχθαι, Mag., T.H., s. III, *IvM* 44, 20; Mag., T.H.,
     ca. 200, *IvM* 41, 9; *IvM* 42, 14; δεξαμενος, Co., Epit.
     (I.M.), s. I, *IG* IX 1, 879, 6; δεξεται, Ph., Decr., *ca.*
     600/550, *SEG* XI 275, 4; δεχεσθαι, Mag., T.H., *ca.* 200, *IvM*
     46, 28; εδεχτ[ο], Co., Epit. (I.M.), s. III, *IG* IX 1, 874,
     8;

(δεω), δ(ε)η, Co., D.D., s. III/II, *IG* IX 1, 694, 139; δειν, Mag.,
     T.H., s. III, *IvM* 44, 16; δεοντα, *ibid.*, 29;

ΔϜεινια, C., Epit. (I.M.), *ca.* 650, *IG* IV 358, 1;

Δηλος, Co., Epit. (I.M.), s. I, *IG* IX 1, 878, 2;

Δημαινε[του], Co., Decr., *ca.* 182/178, *IG* IX 1, 689, 6/7;

Δημαλ(χης), C., T.V., s. II, *SEG* XI 217 b;

Δημητριου, Co., Decr., *ca.* 182/178, *IG* IX 1, 689, 6;

Δημοκρατης, Co., Epit., s. II?, *IG* IX 1, 935, 1;

Δημοπειθους, Co., T.H. (D.P.), *ca.* 182, *IG* IX 1, 687, 4/5;

δημοσ-, -ια, Co., D.D., s. III/II, *IG* IX 1, 694, 105, 130; -(ιου),
  C., Ded.?, s. III/II?, *SEG* XXV 350;

Δημοστρατου, Co., Epit., s. II?, *IG* IX 1, 935, 2;

(δια), δι, P., T.V., s. VI/V, *SEG* XXII 246 b; δια, Sy., Epit.
  (I.M.), s. IV, *SEG* XV 195, 3; Co., T.H., 1/2 s. III, *IG* IX
  1, 683, 1; Mag., T.H., s. III, *IvM* 44, 7, 14 (2), 15; Co.,
  D.D., s. III/II, *IG* IX 1, 694, 18, 25, 82/83, 132; Mag.,
  T.H., *ca.* 200, *IvM* 46, 13; Mag., T.H., s. II, *IvM* 45, 14;

[δια]ιτησεις, N., Decr., *ca.* 145, *SEG* XXIII 180, 9;

(διαχειμαι), [διαχειμ]ενοι, Mag., T.H., *ca.* 200, *IvM* 46, 4;
  -ειμενος, *ibid.*, 25;

διαχοσι[ας], Acr., *V.I.*, s. II/I, *SEG* XXXI 822, C 11;

Διαχριτου, Le., Decr., *in.* s. II, *IG* IX 1, 534, 6;

(διαλεγω), -λεγομενου, Mag., T.H., *ca.* 200, *IvM* 42, 2/3;
  [δια]λεχθημεν, Mag., T.H., s. II, *IvM* 45, 41/42;
  -λεχθεντων, *ibid.*, 17; -ελεχθην, Mag., T.H., *ca.* 200, *IvM*
  46, 7;

(διαλειπω), -λιπουτας, Co., D.D., s. III/II, *IG* IX 1, 694, 46;

(διαλιω), δι[α]λυσαντες, Mag., T.H., *ca.* 200, *IvM* 46, 11;

Διανοια, Co., Epit., s. II?, *IG* IX 1, 936;

διαρπαγαι, Mag., T.H., *ca.* 200, *IvM* 46, 10;

(διατελεω), -ει, Mag., T.H., s. III, *IvM* 44, 25;

διαφθειρω), -ας, Co., T.H., 1/2 s. III, *IG* IX 1, 683, 4;

διαφυλασσω), -φυλασσειν, Syr., F.J., s. III, *IG* XIV 1, 7, I 14;

.ιδαιϝου, C., T.V., s. VII/VI, *DGE* 122.10;

διδωμι), διδοιη, Co., D.D., s. III/II, *IG* IX 1, 694, 33; διδουτι,
   Mag., T.H., *ca.* 200, *IvM* 42, 13; διδουτος, Co., T.H., 1/2
   s. III, *IG* IX 1, 683, 10; διδοσθαι, Co., D.D., s. III/II,
   IG IX 1, 694, 87; διδοσθω, *ibid.*, 23; διδωτε, Syr., F.J.,
   s. III, *IG* XIV 1, 7, I 11; διδωτι, Co., T.H. (D.P.), *ex.* s.
   IV, *IG* IX 1, 682, 8; Co., Decr.?, s. III?, *IG* IX 1, 695, 2;
   Co., D.D., s. III/II, *IG* IX 1, 694, 3, 5; δοθεν, *ibid.*, 42;
   δο[θ]εντα, *ibid.*, 36; δομεν, Mag., T.H., s. III, *IvM* 44,
   30; Co., D.D., s. III/II, *IG* IX 1, 694, 146; Mag., T.H.,
   ca. 200, *IvM* 42, 12; *IvM* 72, 38; Co., T.H. (D.P.), *ca.* 182,
   IG IX 1, 685, 19; *IG* IX 1, 686, 13; δ[ο]μ[εν], Mag., T.H.,
   ca. 200, *IvM* 41, 16; δ[ο]μεν, Co., T.H. (D.P.), *ca.* 182, *IG*
   IX 1, 688, 16; δ[ο]ντ[ω], Co., D.D., s. III/II, *IG* IX 1,
   694, 116; δουτων, Co., Decr., *ca.* 182/178, *IG* IX 1, 689, 9;
   δος, C., Ded.?, s. VI, *IG* IV 214; C., Ded.?, *in.* s. V, *IG*
   IV 213; δο[ς], C., Ded., s. VI, *IG* IV 212; δ[ος], C., Ded.,
   s. VI, *IG* IV 215; [δ]ο[ϝ]αι, Co., T.H., 1/2 s. III, *IG* IX
   1, 683, 14; δωσουτι, N., Decr., *ca.* 229, *SEG* XXIII 178, 17;
   εδωκαν, Co., D.D., s. III/II, *IG* IX 1, 694, 40; ε[δ]ōκε,
   C., T.V., s. V?, Krestchmer 17.9, 4; εδωκε, Syr., T.H., s.
   III?, *IG* XIV 1, 10, 5; εδōκεν, Sy., Ded., *ca.* 575/550, *IG*

IV 424 b;

Δικαιαρχου, Co., Ded.?, s. III?, *IG* IX 1, 834;

δικ-, -αυ, Co., Decr., 1/2 s. II, *IG* IX 1, 692, 3; -ας, N., Decr.,
ca. 229, *SEG* XXIII 178, 23;

δικασται, Co., Decr., 1/2 s. II, *IG* IX 1, 692, 1;

δικαστηρ-, -ια, Co., D.D., s. III/II, *IG* IX 1, 694, 117; -ιου, N.,
Decr., ca. 229, *SEG* XXIII 178, 9;

[Δι]ογενεο[ς], Syr., C.Np., s. III?, *IG* XIV 1, 8, 2;

Διοδωρ-, Διοδδρο, Syr., Ded., ca. 480, *DGE* 144.1, 5; -ος, Acr.,
C.Np., s. III/II, *IG* XIV 1, 210, 8; -ου, C., Ded., ex. s.
V, *IG* IV 355; C., Ded., s. IV?, *IG* IV 361; Acr., C.Np., s.
III/II, *IG* XIV 1, 210, 8;

(διοικεω), -οικηση, Co., D.D., s. III/II, *IG* IX 1, 694, 96;

διοικησις, Co., D.D., s. III/II, *IG* IX 1, 694, 11;

διοικητα, Co., D.D., s. III/II, *IG* IX 1, 694, 144;

Διοκλεος, Mag., T.H., s. III, *IvM* 44, 9 (2); Mag., T.H., ca. 200,
IvM 46, 6 (2); Mag., T.H., s. II, *IvM* 45, 5, 6;

(διολλυμι), -ωλεσεν, Co., Epit. (I.M.), in. s. I, *IG* IX 1, 876, 7;

Διονυσι-, -α, Co., D.D., s. III/II, *IG* IX 1, 694, 17; Co., Epit.,
s. II?, *IG* IX 1, 907; -ε, Co., Epit., s. II?, *IG* IX 1, 908;
-ου, Co., T.H. (D.P.), ex. s. IV, *IG* IX 1, 682, 6, 14; -ος,
C., T.V., s. III, *SEG* XI 216 c; Acr., C.Np., s. III/II, *IG*
XIV 1, 210, 6; Acr., C.Ofr., s. III/II, *IG* XIV 1, 212, I 8;
-ου, Acr., D.D.T., s. III/II, *IG* XIV 1, 217, 28, 42; Le.,

Decr., *in.* s. II, *IG* IX 1, 534, 8; Co., *V.I.*, s. II/I, *IG* IX 1, 771; *IG* IX 1, 820;

Διονυσοδωρ-, -ος, Acr., C.Np., s. III/II, *IG* XIV 1, 208, 7;, Acr., C.Ofr., s. III/II, *IG* XIV 1, 211, I 3; -ου, Acr., C.Np., s. III/II, *IG* XIV 1, 209, I 6;

Διονυσ-, -ου, C., Ded.?, s. IV/III, *SEG* XXV 342 a; Acr., Ded., s. III?, *IG* XIV 1, 205, 1; -ῳ, Co., D.D., s. III/II, *IG* IX 1, 694; -ωι, *ibid.*, 4, 7;

διορθωσις, Co., D.D., s. III/II, *IG* IX 1, 694, 137;

διορθωτηρες, Co., D.D., s. III/II, *IG* IX 1, 694, 138;

Διοσχουρων, Co., L.T., s. IV, *IG* IX 1, 697;

διοτι, Mag., T.H., s. III, *IvM* 44, 24;

Διοτιμ-, -ου, Mag., T.H., s. III, *IvM* 44, 10; Mag., T.H., *ca.* 200, *IvM* 46, 6; Mag., T.H., s. II, *IvM* 45, 41; [Διοτι]μου, Mag., T.H., s. III, *IvM* 44, 38; Διοτιμο[υ], Mag., T.H., *ca.* 200, *IvM* 46, 34; [Δ]ιοτιμο[υ], *IvM* 72, 36; -ου, *ibid.*, 12; Mag., T.H., s. II, *IvM* 45, 6;

Διου, Co., Decr., *ca.* 182/178, *IG* IX 1, 689, 8;

Διπαεες, N., Decr., *ca.* 367, *SEG* XXIII 179, 4;

διπλεθριαν, Co., T.H., s. III, *IG* IX 1, 693, 20/21, 22;

διπλη, Co., D.D., s. III/II, *IG* IX 1, 694, 71, 75, 103, 113;

δις, Sy., C.J., *ca.* 260/220, *IG* IV 428, 10; δι[ς], N., Ded., *ca.* 525, *SEG* XXVI 419, 6;

δισσας, Co., Epit. (I.M.), s. I, *IG* IX 1, 878, 6;

Διōι, C., T.V., s. VII/VI, *DGE* 122.7; C., T.V., s. V?, Krestchmer
23.9, 27;

Διōυ, C., T.V., s. VII/VI, *DGE* 122.2; Sy., C.Np., *ca.* 460/450, *IG*
IV 425, 1; C., T.V., s. V?, Krestchmer 23.9, 27; -ωυι,
Acr., D.D.T., s. III/II, *IG* XIV 1, 217, 5; -ωυος, *ibid.*, 7;

Δμαιηιπποδαι, N., *V.I.*, s. V, *SEG* XXIX 351, A 1;

δογμ-, -α, CorN., Decr., *ca.* 385, *DGE* 147⁸; Mag., T.H., *ca.* 200,
IvM 72, 3; -ατι, Co., Decr., s. III?, *IG* IX 1, 978, 4; Co.,
D.D., s. III/II, *IG* IX 1, 694, 141;

δοιαι, Co., Epit. (I.M.), s. III, *IG* IX 1, 874, 1;

(δοχεω), δοχη, Co., T.H. (D.P.), *ca.* 182, *IG* IX 1, 685, 16; *IG* IX
1, 688, 13; δοχηι, Co., T.H. (D.P.), *ex.* s. IV, *IG* IX 1,
682, 13; Co., D.D., s. III/II, *IG* IX 1, 694, 11, 114, 140,
143; εδοξε, CorN., Decr., *ca.* 385, *DGE* 147, 37; C., T.H.
(D.P.), *ex.* s. III, *SEG* XXV 325, 1; C., Ded.?, *ca.* 250/146,
SEG XI 54, 6; Co., D.D., s. III/II, *IG* IX 1, 694, 42; Mag.,
T.H., *ca.* 200, *IvM* 42, 10; *IvM* 46, 23; Co., T.H. (D.P.),
ca. 182, *IG* IX 1, 685, 1; *IG* IX 1, 686, 1; *IG* IX 1, 687 1;
IG IX 1, 688, 1; εδ[ο]ξε, Mag., T.H., *ca.* 200, *IvM* 72, 6;
Mag., T.H., s. II, *IvM* 45, 25; [ε]δοξευ, Mag., T.H., s.
III, *IvM* 44, 45;

Δοξα, Co., Epit., s. II?, *IG* IX 1, 939;

δοξαυ, Mag., T.H., *ca.* 200, *IvM* 46, 16;

δορι, Co., Epit. (I.M.), *in.* s. I, *IG* IX 1, 877, 4;

δορχου, C., Ded., *in.* s. V, *IG* IV 226;

δοσ-, δ[ο]σει, Co., D.D., s. III/II, *IG* IX 1, 694, 82; -ει, *ibid.*,
    141; -ιος, *ibid.*, 141;

(δουλευω), -[ευειν], N., *V.I.*, s. III, *SEG* XXIII 184, 3/4;

δραχμ-, -α, P., Ded., *ca.* 600, *SEG* XI 223, 1; -αν, N., Decr., *ca.*
    229, *SEG* XXIII 178, 11; Co., D.D., s. III/II, *IG* IX 1, 694,
    54; -ας, Mag., T.H., s. III, *IvM* 44, 32;

...δριλας, N., Ded., s. IV/III?, *IG* IV 488, 2;

δρι[σ]ι, Acr., D.D.T., s. III/II, *IG* XIV 1, 217, 43;

Δροπυλου, O., Epit., s. VI/V, *IG* IV 414;

[Δυμα]νες, CorN., Decr., *ca.* 385, *DGE* 147, 18;

δυνατ-, -οι, Co., D.D., s. III/II, *IG* IX 1, 694, 68; -ον, Mag.,
    T.H., s. III, *IvM* 44, 30; Co., D.D., s. III/II, *IG* IX 1,
    694, 135; -ου, *ibid.*, 30; Mag., T.H., *ca.* 200, *IvM* 72, 35;

δυνατωτατους, Co., D.D., s. III/II, *IG* IX 1, 694, 9, 45;

δυο, C., L.T., 1/2 s. V, *SEG* XXV 332; Co., C.C., *in.* s. III, *IG* IX
    1, 691, 12; Co., T.H., s. III, *IG* IX 1, 693, 12; Co., D.D.,
    s. III/II, *IG* IX 1, 694, 46, 54;

Δυρρανιχου, Co., Decr., *ca.* 182/178, *IG* IX 1, 689, 14;

δυστηνοι, Co., Epit. (I.M.), s. I, *IG* IX 1, 878, 7;

δυωδεχα, Co., T.H., 1/2 s. III, *IG* IX 1, 683, 9;

δυωδεχατωι, Co., D.D., s. III/II, *IG* IX 1, 694, 51;

Δωδωναιου, Co., T.H. (D.P.), *ca.* 182, *IG* IX 1, 688, 3/4, 19;

δωμα, Co., Epit. (I.M.), s. III, *IG* IX 1, 874, 5;

Δōριμαχος, C., T.V., s. VII/VI, *DGE* 121.1;

Δωριωνος, Le., Decr., *in.* s. II, *IG* IX 1, 534, 12;

Δōροθ[ε]ος, P., T.V., 1/2 s. VI, *SEG* XXII 240 d;

εαυτ-, [ε]αυτην, C., T.H.?, *ca.* 169/155, *SEG* XI 57, 3/4; -οις,

    N., Decr., *ca.* 145, *SEG* XXIII 180, 9;

ℎεβδεμ[ας], Co., V.I., *ca.* 500, *SEG* XXX 526, 2;

ε[β]δομηχοντα, Co., D.D., s. III/II, *IG* IX 1, 694, 47/48;

ε[β]δομηχοστου, Sy., Ded., s. II/I?, *SEG* XIV 312, 2;

εγγουους, Co., T.H. (D.P.), *ca.* 182, *IG* IX 1, 686, 5;

(εγδανειζω), -ειζεσθω, Co., D.D., s. III/II, *IG* IX 1, 694, 131,

    136; -εισαντες, *ibid.*, 72/73; -εισαντω, *ibid.*, 50, 122;

    -εισθημεν, *ibid.*, 79; -εισ[θ]ωντι, *ibid.*, 77/78;

[εγχ]αυτεροι, N., R.A., s. IV, *IG* IV 481, 3;

εγχτασιν, Co., T.H. (D.P.), *ca.* 182, *IG* IX 1, 685, 8; *IG* IX 1,

    687, 7; *IG* IX 1, 688, 6/7;

(εγω), αμε, Syr., F.J., s. III, *IG* IXV 1, 7, I 4; Mag., T.H., *ca.*

    200, *IvM* 46, 21; Co., Epit. (I.M.), s. I, *IG* IX 1, 879, 1;

    αμιν, Mag., T.H., *ca.* 200, *IvM* 72, 41; εγō, P., Ded., *ca.*

    600, *SEG* XI 223, 1; εγω, Co., Epit. (I.M.), s. VI, *IG* IX 1,

    870, 1; (ε)με, C., Ded., s. VI, *IG* IV 225; μ′, C., Ded., s.

    VII/VI, *IG* IV 233; *IG* IV 237, A 2; P., T.V., s. VII/VI, *SEG*

    XXII 245; C., T.V., s. VII/VI, *DGE* 122.6; C., Ded., s. VI,

    IG IV 210; *IG* IV 211; *IG* IV 219; *IG* IV 227; *IG* IV 228; *IG*

    IV 230; *IG* IV 231, 2; Le., Ded., s. VI, *DGE* 141; Co., Ded.,

    s. VI, *IG* IX 1, 705; Sy., Ded., *ca.* 575/550, *IG* IV 424 a,

    b; C., Ded., s. VI/V, *IG* IV 234; *IG* IV 235; *IG* IV 236; *IG*

    IV 240; C., Ded., *in.* s. V, *IG* IV 226; C., Ded., 1/2 s. V,

    IG IV 232; *IG* IV 239; C., Ded., s. V?, *IG* IV 241; *IG* IV

242; *IG* IV 243; N., T.V., s. V?, *SEG* XXXI 303 b; C., T.V.,
s. V?, Krestchmer 17.9, 4; C., *N.S.*, s. V, *SEG* XI 203 a, b;
με, P., Ded., *ca.* 650, *SEG* XI 224 b; C., Ded., *ca.* 650/625,
Jeffery, *Plate* 19.8; N., Ded., *ca.* 560, *SEG* XI 290, 1; N.,
Ded., *ca.* 525, *SEG* XXVI 419, 1; P., Ded., *ca.* 525/500, *SEG*
XI 226, 1; C., Ded., s. VI?, *IG* IV 238; P., T.V., s. VI,
SEG XXII 240 e; Co., Ded., s. VI, *IG* IX 1, 704, 1; Delfos,
Ded., *ca.* 478, Jeffery, *Plate* 51.9, 2; μοι, Co., Epit.
(I.M.), s. I, *IG* IX 1, 879, 1;

Εϝθισ..., C., Ded.?, s. VII/VI, *IG* IV 309;

ει, Mag., T.H., s. III, *IvM* 44, 30; N., Decr., *ca.* 229, *SEG*
XXIII 178, 11; Co., D.D., s. III/II, *IG* IX 1, 694, 17, 25,
29, 66, 67, 70, 72, 82, 102, 109, 114, 125, 132, 135, 137;
Le., Decr., *in.* s. II, *IG* IX 1, 534, 1, 3; C., Ded.?,
F.D., *SEG* XI 119, 3; [ε]ι, Co., D.D., s. III/II, *IG* IX 1,
694, 100;

ει (adverbio), Co., T.H. (D.P.), *ex.* s. IV, *IG* IX 1, 682, 12;
Co., T.H., 1/2 s. III, *IG* IX 1, 683, 5;

(ειδω), ειδομεν, Co., Epit. (I.M.), *in.* s. I, *IG* IX 1, 877, 10;
ειδοτες, Co., Epit. (I.M.), *ca.* 229, *IG* IX 1, 872, 3;

εικαδι, Mag., T.H., s. III, *IvM* 44, 3; Co., D.D., s. III/II, *IG*
IX 1, 694, 2;

εικατι, Co., T.H., s. III, *IG* IX 1, 693, 10, 11/12;

εικοστωι, Co., Epit. (I.M.), s. I, *IG* IX 1, 879, 3;

(ειμι), ει, Co., Epit. (I.M.), s. I, *IG* IX 1, 878, 1, 2; ειεν,

Le., Decr., *in.* s. II, *IG* IX 1, 534, 3; ειη, Mag., T.H., s. II, *IvM* 45, 9; ειμ΄, Co., Epit. (I.M.), s. VI, *IG* IX 1, 869; ειμεν, Cl., Decr., *ca.* 575/550, *IG* IV 1607, 4, 9, 11, 13; CorN., Decr., *ca.* 385, *DGE* 147, 8; Mag., T.H., s. III, *IvM* 44, 23, 35, 40; C., T.H. (D.P.), *ex.* s. III, *SEG* XXV 325, 8; Mag., T.H., *ca.* 200, *IvM* 42, 15; *IvM* 46, 17, 32; Co., T.H. (D.P.), *ca.* 182, *IG* IX 1, 685, 2, 6/7; *IG* IX 1, 686, 2, 6; *IG* IX 1, 687, 2; *IG* IX 1, 688, 2, 5; Co., Decr., *ca.* 182/178, *IG* IX 1, 689, 16; *IG* IX 1, 690, 9; Mag., T.H., s. II, *IvM* 45, 48; Co., Decr., 1/2 S. II, *IG* IX 1, 692, 3; ε[ι]μεν, Mag., T.H., *ca.* 200, *IvM* 41, 12; ειμε[ν], *IvM* 72, 39; [ει]μεν, Mag., T.H., s. II, *IvM* 45, 30; [ε]ιμ[ε]ν, Cl., Decr., *ca.* 575/550, *IG* IV 1607, 6/7; ειμι, C., T.V., s. VII, *SEG* XI 195; P., T.V., s. VI, *SEG* XXII 241 b, c; N., Ded., *ca.* 500, *SEG* XXVIII 391; P., T.V., s. V, *SEG* XXII 250 d; C., Ded., s. III?, *IG* IV 367; ειμι, C., T.V., s. VII, *SEG* XXV 343; C., T.V. (Ded.), *ca.* 625, *IG* IV 348; P., G., 1/2 s. VI, *SEG* XXII 238 b; N., Ded., *ca.* 525, *SEG* XXVI 419, 3; C., T.V., *ca.* 500, *SEG* XI 200; C., Ded., s. V?, *IG* IV 296; *IG* IV 297; *IG* IV 326; *IG* IV 327; ειμ[ι], C., Ded., s. V?, *IG* IV 269; εντ[ι], Mag., T.H., *ca.* 200, *IvM* 41, 16; εοντες, Co., D.D., s. III/II, *IG* IX 1, 694, 22, 68/69; εοντος, *ibid.*, 30; εοντ[ω], *ibid.*, 36; εοντω, *ibid.*, 128; εσομε..., I., Epit. (I.M.), s. VI, *SEG* XVIII 141, 2; εσται, Acr., *V.I.*, s. II/I, *SEG* XXXI 822,

B 6; εστι, Co., Decr., *ca.* 182/178, *IG* IX 1, 690, 6; Co.,
Decr., 1/2 s. II, *IG* IX 1, 692, 19; εστιν, Mag., T.H., s.
III, *IvM* 44, 26; Mag., T.H., *ca.* 200, *IvM* 46, 25; εστō,
Sy., Decr., *ca.* 500, *SEG* XI 244, 1; εστω, Co., Decr., s.
III?, *IG* IX 1, 978, 3; Le., Decr., *in.* s. II, *IG* IX 1, 534,
5; [ε]στω, N., Decr., *ca.* 229, *SEG* XXIII 178, 10/11;
[εστ]ω, CorN., Decr., *ca.* 385, *DGE* 147, 13; η, Co., D.D.,
s. III/II, *IG* IX 1, 694, 118; Co., Decr., 1/2 s. II, *IG* IX
1, 692, 15; ηι, Mag., T.H., s. III, *IvM* 44, 30; Mag., T.H.,
ca. 200, *IvM* 46, 43; *IvM* 72, 35; ην, Mag., T.H., *ca.* 200,
IvM 46, 15; Co., Epit. (I.M.), *in.* s. I, *IG* IX 1, 877, 6;
εs, Co., Epit. (I.M.), *in.* s. VI, *IG* IX 1, 867, 3; ιμι,
Cr., Ded.?, s. VI/V, *SEG* XI 49; ουτα, Sy., Decr., *ex.* s. V,
IG IV 426; ουτας, Mag. ,T.H., *ca.* 200, *IvM* 46, 21; [ουτ]ας,
IvM 72, 21/22; ουτες, Mag., T.H., *ca.* 200, *IvM* 46, 3; ωυτι,
Co., T.H., s. III, *IG* IX 1, 693, 3;

(ειμι), ιθι, Co., Epit. (I.M.), *ca.* 227, *IG* IX 1, 873, 7;

[Ηειν]εχα, C., *V.I.*, *ca.* 458, Jeffery, *Plate* 21.38, 4;

(ειπον), -ων, Co., Epit. (I.M.), *ca.* 227, *IG* IX 1, 873, 8;

Ειραν-, -α, Co., Epit., s. IV, *IG* IX 1, 887; -ας, C., T.V.,
F.D., *SEG* XIV 306 b;

εις, Sy., Decr., *ex.* s. V?, *IG* IV 426; Co., T.H. (D.P.), *ex.* s.
IV, *IG* IX 1, 682, 11; N., Decr.?, s. IV/III, *SEG* XXIX 347,
3; Syr., F.J., s. III, *IG* XIV 1, 7, I 4; Mag., T.H., s.
III, *IvM* 44, 13, 14, 28, 31, 38 (2), 43; Co., T.H., 1/2 s.

III, *IG* IX 1, 683, 12, 13; Co., D.D., s. III/II, *IG* IX 1,
694, 3, 8, 29, 34, 35, 41, 45, 60, 95, 98, 107 (2), 108,
110, 117, 127, 130, 138, 142; Mag., T.H., *ca.* 200, *IvM* 46,
11, 12, 16, 28 (2), 37; C., T.H., *ca.* 196/195, *SEG* XXII
214, 4; Co., T.H., *ca.* 182, *IG* IX 1, 685, 14; *IG* IX 1,
686, 12; *IG* IX 1, 688, 22; Co., Decr., *ca.* 182/178, *IG* IX
1, 690, 3; Co., Decr., 1/2 s. II, *IG* IX 1, 692, 9, 13, 15,
17; Mag. T.H., s. II, *IvM* 45, 22, 23, 50; Co., Epit.
(I.M.), s. I, *IG* IX 1, 879, 2; ενς, N., Decr., *ca.* 367,
SEG XXIII 179, 2; ες, Co., C.C., *in.* s. III, *IG* IX 1, 691,
10, 12; Co., T.H., s. III, *IG* IX 1, 693, 12; Mag., T.H., s.
III, *IvM* 44, 35; Mag., T.H., *ca.* 200, *IvM* 46, 43;

(εις, μια, εν), hεν, C., L.T., 1/2 s. V, *SEG* XXV 331 a, b; εν,
  Co., Epit. (I.M.), s. I, *IG* IX 1, 879, 3;

(εισπρασσω), -ξαντες, -σσουτι[ων], Co., D.D., s. III/II, *IG* IX 1, 694,
  120; -σσουτι[ων], *ibid.* 124/125;

(εισφερω), -ηνεγκε, Le., Decr., *in.* s. II, *IG* IX 1, 534, 12;

(ειτε), ειτ', Co., Decr., *ca.* 182/178, *IG* IX 1, 689, 18; ειτε,
  N., Decr., *ca.* 229, *SEG* XXIII 178, 7;

(εκ), εγ, C., V.I., *ca.* 458, Jeffery, *Plate* 21.38, 1; Mag., T.H.,
  ca. 200, *IvM* 46, 45; Acr., V.I., s. II/I, *SEG* XXXI 822, C
  5; Co., Epit. (I.M.), s. I, *IG* IX 1, 879, 7; εκ, Co., Epit.
  (I.M.), *ca.* 227, *IG* IX 1, 873, 7; Mag., T.H., *ca.* 200, *IvM*
  41, 17; Co., Decr., 1/2 s. II, *IG* IX 1, 692, 9; Acr., V.I.,
  s. II/I, *SEG* XXXI 822, B 8; Co., Epit. (I.M.), *in.* s. I, *IG*

IX 1, 876, 6; *IG* IX 1, 877, 7; εξ, C., Ded., *ca.* 625/550,

Jeffery, *Plate* 19.13; Co., Epit. (I.M.), s. I, *IG* IX 1,

878, 6;

εχαστ-, -α, Co., D.D., s. ΙΙΙ/ΙΙ, *IG* IX 1, 694, 99; -[α], Co.,

T.H., 1/2 s. III, *IG* IX 1, 683, 7; Co., D.D., s. III/II,

IG IX 1, 694, 96; -αν, *ibid.*, 31, 55; -οι, *ibid.*, 125;

-ον, *ibid.*, 54; -ος, CorN., Decr., *ca.* 385, *DGE* 147, 8;

-ου, Co., D.D., s. III/II, *IG* IX 1, 694, 48, 116; -ωι,

CorN., Decr., *ca.* 385, *DGE* 147, 9;

εχασταχις, Co., T.H., 1/2 s. III, *IG* IX 1, 683, 11; Mag., T.H.,

s. III, *IvM* 44, 18; Co., D.D., s. III/II, *IG* IX 1, 694, 8,

22, 65, 81/82, 97/98;

[Ε]χαταιου, C., T.V., *ca.* 146/144, *SEG* XXVIII 383;

εχατερ-,-οις, N., Decr., *ca.* 145, *SEG* XXIII 180, 7; -ος, Co.,

D.D., s. III/II, *IG* IX 1, 694, 41; -ων, Co., T.H., 1/2 s.

III, *IG* IX 1, 683, 9; Co., Decr., *ca.* 182/178, *IG* IX 1,

689, 16;

εχατο-, -μ, Co., C.C., *in.* s. III, *IG* IX 1, 691, 1; -ν, Mag.,

T.H., s. III, *IvM* 44, 32; Co., D.D., s. III/II, *IG* IX 1,

694, 12, 13, 15, 77, 78, 79;

εχγουου-, οις, Mag., T.H., s. III, *IvM* 44, 39; Co., T.H. (D.P.),

ca. 182, *IG* IX 1, 687, 6; -ους, Co., T.H. (D.P.), *ex.* s.

IV, *IG* IX 1, 682, 8; Co., T.H. (D.P.), *ca.* 182, *IG* IX 1,

685, 6; *IG* IX 1, 688, 4/5;

(εχγραφω), -γραψαντας, Co., T.H. (D.P.), *ca.* 182, *IG* IX 1, 687,

12;

(εχδανειζω), -ειζεσθω, Co., D.D., s. III/II, *IG* IX 1, 694, 134;
   -εισαι, *ibid.*, 43; -εισαιευ, *ibid.*, 67/68; -εισθωτι,
   ibid., 13; -ιζεσθω, *ibid.*, 27/28; -ισθηναι, *ibid.*, 14;
   -ισουντας, *ibid.*, 8/9;

εχδανεισις, Co., D.D., s. III/II, *IG* IX 1, 694, 10;

εχεχειριαυ, Mag., T.H., *ca.* 200, *IvM* 41, 7, 10; *IvM* 42, 7/8, 11;
   IvM 46, 22; Mag., T.H., s. II, *IvM* 45, 15;

εχεχειρου, Mag., T.H., s. III, *IvM* 44, 31;

εχχλησι[αι], Mag., T.H., *ca.* 200, *IvM* 42, 10;

(εχλογιζομαι), -λογιζουσθω, Co., D.D., s. III/II, *IG* IX 1, 694,
   104;

εχτ-, -α, Mag., T.H., *ca.* 200, *IvM* 72, 3; -ας, Co., D.D., s.
   III/II, *IG* IX 1, 694, 93;

Ηεχτōρ, C., T.V., s. VII/VI, *DGE* 122.3; Εχτōρ, C., T.V., s.
   VII/VI, *DGE* 122.6; *DGE* 122.4; C., T.V., s. VI, *SEG* XI 198
   b; Εχχτōρ, C., T.V., s. VII/VI, *DGE* 121.4;

ελασσουος, Co., D.D., s. III/II, *IG* IX 1, 694, 55;

Ηελευα, C., T.V., s. VII/VI, *SEG* XI 198 d;

[ελευ]θεριας, C., Ded., *ca.* 340, *SEG* XXVIII 380, 4;

(ελευθερωω), [ε]λευθερωθεισα, Sy., V.I., s. II/I?, *SEG* XVI 238,
   III; [ελευθερ]ωθεισα, *ibid.*, II;

Ελλαυας, Mag., T.H., s. III, *IvM* 44, 14; Mag., T.H., s. II, *IvM*
   45, 23; [Ελ]λαυας, Mag., T.H., *ca.* 200, *IvM* 46, 12;
   [Ελλαυ]ας, *ibid.*, 27; Ελλα[υας], *ibid.*, 28;

Ελλανιδες, Mag., T.H., s. III, *IvM* 44, 17;

Ελλανιωι, Syr., Ded., *ca.* 250, Ditt. I 428, 3;

ελπιδας, C., T.V., F.D., *SEG* XIV 306 e;

Ελωρις, Acr., C.Ofr., s. III/II, *IG* XIV 1, 211, I 9; *IG* XIV 1, 212, I 10;

⟨εμβαλλω⟩, -βαλλειν, Co., Decr., 1/2 s. I, *IG* IX 1, 692, 13;

εμβατ[ηρας], N., *R.A.*, s. IV, *IG* IV 481, 2;

Εμ⟨μ⟩ενιδας, P., Ded., s. VI, *SEG* XI 227;

εμπασιν, Co., T.H. (D.P.), *ex.* s. IV, *IG* IX 1, 682, 9;

⟨εμπνευω⟩, -πνευση, Acr., V.I. (I.M.), s. II/I, *SEG* XXXI 823, A 3;

⟨εμπριαμαι⟩, -πριατο, Co., T.H. (D.P.), s. III, *IG* IX 1, 693, 2;

⟨εμφανιζω⟩, -φανιξ[αντες], Mag., T.H., *ca.* 200, *IvM* 46, 8; -φανιξαντων, Mag., T.H., s. II, *IvM* 45, 18/19; ενεφανιξαν, Mag., T.H., *ca.* 200, *IvM* 46, 12;

εμφυλιον, Mag., T.H., *ca.* 200, *IvM* 46, 11/12;

⟨εν⟩, εμ, Co., T.H., s. III, *IG* IX 1, 693, 4; Co., D.D., s. III/II, *IG* IX 1, 694, 48, 51, 57; Mag., T.H., *ca.* 200, *IvM* 46, 46; Acr., *V.I.*, s. II/I, *SEG* XXXI 822, C 3; εν, Co., T.H., s. III, *IG* IX 1, 693, 5, 8, 10, 12, 16, 18, 20, 21; Co., Decr.?, s. III?, *IG* IX 1, 695, 7; Co., Epit. (I.M.), s. III, *IG* IX 1, 874, 6; Mag., T.H., s. III, *IvM* 44, 13, 29, 40; Co., D.D., s. III/II, *IG* IX 1, 694, 52, 58, 62, 82, 95; Acr., D.D.T., s. III/II, *IG* XIV 1, 217, 43; Mag., T.H., *ca.* 200, *IvM* 42, 4; *IvM* 46, 9, 15, 16, 28, 33; Co.,

Decr., 1/2 s. II, *IG* IX 1, 692, 16; N., Decr., *ca.* 145,
SEG XXIII 180, 9; Mag., T.H., s. II, *IvM* 45, 8, 9, 22;
Acr., *V.I.*, s. II/I, *SEG* XXXI 822, B 10, 11; Co., Epit.
(I.M.), *in.* s. I, *IG* IX 1, 877, 3; ευι, Co., Epit. (I.M.),
in. s. VI, *IG* IX 1, 867, 3;

ευγυς, Ac., Epit., s. V, *DGE* 140, 2;

(ευδεω), -δετο, Ph., Decr., *ca.* 600/550, *SEG* XI 275, 6;

ευδοξων, Mag., T.H., s. III, *IvM* 44, 16;

ευε[χα], C., T.H., *ca.* 196/195, *SEG* XXIII 214, 3;

ευεχεν, Mag., T.H., s. III, *IvM* 44, 38; N., Decr., *ca.* 229, *SEG*
XXIII 178, 9;

ευεχεχειρα, Mag., T.H., *ca.* 200, *IvM* 41, 16;

ευεχεχηρον, Mag., T.H., *ca.* 200, *IvM* 42, 12;

ευεστιον, Mag., T.H., *ca.* 200, *IvM* 42, 12/13;

ευθαδε, Sy., Epit. (I.M.), s. IV, *SEG* XV 195, 1;

ευιαυτ-, -ου, Co., D.D., s. III/II, *IG* IX 1, 694, 8, 17, 45, 60,
84; -ο[ν], N., Decr., *ca.* 229, *SEG* XXIII 178, 21; -ου, Co.,
D.D., s. III/II, *IG* IX 1, 694, 14, 48, 78; -[ϙ], Co., Epit.
(I.M.), s. I, *IG* IX 1, 879, 3; -ων, Co., Epit. (I.M.), s.
III, *IG* IX 1, 874, 1;

ευιστ-, -ιου, Mag., T.H., s. III, *IvM* 44, 31; -ι[ος], Mag., T.H.,
ca. 200, *IvM* 72, 40;

ευνομα, Co., D.D., s. III/II, *IG* IX 1, 694, 24, 34, 88;

ευ[ο]χαν, N., Decr., *ca.* 229, *SEG* XXIII 178, 13;

Ευπεδον, Sy., Decr., *ca.* 500, *SEG* XI 244, 14;

ευσιταρ[χ]ιου, N., Ded.?, *in.* s. IV, *SEG* XXX 351;

[ευχ]αραξ···, N., *R.A.*, s. IV, *IG* IV 481, 1;

εξ, N., Decr.?, s. IV/III, *SEG* XXIX 347, 3, 4; Co., T.H. s.

     III, *IG* IX 1, 693, 17;

εξαιρετου, CorN., Decr., *ca.* 385, *DGE* 147, 3, 5, 6;

(εξειμι), -εστō, Sy., Decr., *ca.* 500, *SEG* XI 244, 3; -εστω, Co.,

     D.D., s. III/II, *IG* IX 1, 694, 118; -εσ[τ]ω, *ibid.*, 105;

Εξεχιας, Sy., Ded., *ca.* 575/550, *IG* IV 424 a;

(εξερυω), -ερυσαν, Co., Epit. (I.M.), *ca.* 229, *IG* IX 1, 872, 2;

εξηκοντα, Co., D.D., s. III/II, *IG* IX 1, 694, 5, 7, 42, 112;

εξου[σιαν], Syr., F.J., s. III, *IG* XIV 1, 7, I 10;

Εοχλος, Acr., *V.I.*, s. II/I, *SEG* XXXI 822, C 4;

επαγγελιαν, Mag., T.H., s. III, *IvM* 44, 33;

(επαγγελλω), -αγγελλομενα, Mag., T.H., s. II, *IvM* 45, 26/27;

     -αγγελλουτι, Mag., T.H., *ca.* 200, *IvM* 72, 31; *IvM* 42, 13;

     [επαγ]γελλουτων, Mag., T.H., *ca.* 200, *IvM* 72, 5/6;

     -αγγελλουσι, Mag., T.H., *ca.* 200, *IvM* 42, 14;

     [ε]παγγελλουσιν, Mag., T.H., s. II, *IvM* 45, 37/38;

     -αυγελλουτων, Mag., T.H., *ca.* 200, *IvM* 41, 5;

Επαινετ-, -ος, Sy., Ded., *ca.* 575/550, *IG* IV 424 b; -ου, Co.,

     C.M., s. III, *IG* IX 1, 977, 5/6;

(επαινεω), -αινεσαι, Mag., T.H., s. III, *IvM* 44, 37; Mag., T.H.,

     s. II, *IvM* 45, 40; επαιν[εσ]αι, Mag., T.H., *ca.* 200, *IvM*

     46, 26; επαινε[σαι], *ibid.*, 33; [επαινε]σαι, *IvM* 72, 26/27;

(επαχολουθεω), -αχολουθει, Mag., T.H., s. III, *IvM* 44, 27;

επαχο[ος], Co., Decr.?, s. III?, *IG* IX 1, 695, 4;

επανοδου, Acr., *V.I.*, s. II/I, *SEG* XXXI 822, B 13;

επαινω, Co., D.D., s. III/II, *IG* IX 1, 694, 131;

επει, Mag., T.H., s. III, *IvM* 44, 18, 33; Co., Epit. (I.M.), *ca.* 229, *IG* IX 1, 873, 3; Co., D.D., s. III/II, *IG* IX 1, 694, 76, 90;

⟨επειγω⟩, -ειγεται, Acr., *V.I.* (I.M.), s. II/I, *SEG* XXXI 823, B 4;

επειδη, Mag., T.H., s. III, *IvM* 44, 4;

επεισχλητου, Mag., T.H., s. III, *IvM* 44, 10;

⟨επεχω⟩, -ειχεν, Co., Epit. (I.M.), s. III, *IG* IX 1, 874, 2;

⟨επι⟩, επ΄, Co., Epit. (I.M.), *in.* s. VI, *IG* IX 1, 868, 2; Mag., T.H., s. III, *IvM* 44, 3; Co., D.D., s. III/II, *IG* IX 1, 694, 49, 64; επι, Co., Epit. (I.M.), s. VI, *IG* IX 1, 869; *IG* IX 1, 870, 1; Co., T.H. (D.P.), *ex.* s. IV, *IG* IX 1, 682, 3; Co., *V.I.*, s. IV/III, *IG* IX 1, 814; Co., T.H., s. III, *IG* IX 1, 693, 15; Co., Epit. (I.M.), *ca.* 227, *IG* IX 1, 873, 6; Acr., Ded., s. III?, *IG* XIV 1, 204, 1; Mag., T.H., s. III, *IvM* 44, 2, 26; Syr., T.V., s. III?, *SEG* XVI 540 a, g; Cos, Decr., *ca.* 242, *SEG* XII 377, 2; N., Decr., *ca.* 229, *SEG* XXIII 178, 5; Co., D.D., s. III/II, *IG* IX 1, 694, 1, 2, 16, 26, 31, 51, 60, 66, 80, 121, 133; Acr., C.Np., s. III/II, *IG* XIV 1, 208, 1; *IG* XIV 1, 209, 1; Syr., T.V., s. III/II, *SEG* XIX 607, A 1; B 1; C 1; Mag., T.H., *ca.* 200, *IvM* 42, 2; *IvM* 46, 3, 10, 23, 26, 27 (2), 40; *IvM* 72, 1;

Co., Decr., *ca.* 182/178, *IG* IX 1, 689, 15; *IG* IX 1, 690, 8;

Co., Decr., 1/2 s. II, *IG* IX 1, 692, 11; N., Decr., *ca.*

145, *SEG* XXIX 348, 4; Co., *V.I.*, s. II, *IG* IX 1, 735; *IG* IX

1, 736; *IG* IX 1, 737; *IG* IX 1, 745; *IG* IX 1, 752; *IG* IX 1,

753; *IG* IX 1, 754; *IG* IX 1, 755; *IG* IX 1, 757; *IG* IX 1,

758; *IG* IX 1, 762; *IG* IX 1, 763; *IG* IX 1, 764; *IG* IX 1,

765; *IG* IX 1, 766; *IG* IX 1, 768; *IG* IX 1, 772; *IG* IX 1,

773; *IG* IX 1, 774; *IG* IX 1, 779; *IG* IX 1, 793; *IG* IX 1,

795; *IG* IX 1, 796; *IG* IX 1, 798; *IG* IX 1, 799; *IG* IX 1,

800; *IG* IX 1, 801; *IG* IX 1, 802; *IG* IX 1, 803; *IG* IX 1,

804; *IG* IX 1, 805; *IG* IX 1, 806; *IG* IX 1, 807; *IG* IX 1,

808; *IG* IX 1, 809; *IG* IX 1, 810; *IG* IX 1, 811; *IG* IX 1,

812; *IG* IX 1, 813; *IG* IX 1, 814; Acr., Ded., s. II?, *IG* XIV

1, 213, 1; Mag., T.H., s. II, *IvM* 45, 4, 33, 41; Co., *V.I.*,

s. II/I, *IG* IX 1, 743; *IG* IX 1, 744; *IG* IX 1, 746; *IG* IX 1,

747; *IG* IX 1, 748; *IG* IX 1, 749; *IG* IX 1, 750; *IG* IX 1,

756; *IG* IX 1, 760; *IG* IX 1, 761; *IG* IX 1, 769; *IG* IX 1,

770; *IG* IX 1, 771; *IG* IX 1, 775; *IG* IX 1, 776; *IG* IX 1,

777; *IG* IX 1, 781; *IG* IX 1, 784; *IG* IX 1, 785; *IG* IX 1,

788; *IG* IX 1, 815; *IG* IX 1, 818; *IG* IX 1, 819; Co., *V.I.*,

s. I, *IG* IX 1, 738; *IG* IX 1, 739; *IG* IX 1, 740; *IG* IX 1,

741; *IG* IX 1, 742; *IG* IX 1, 778; *IG* IX 1, 789; *IG* IX 1,

790; εφ´, CorN., Decr., *ca.* 385, *DGE* 147, 1; Co., D.D., s.

III/II, *IG* IX 1, 694, 62, 116; Co., Epit. (I.M.), s. I, *IG*

IX 1, 878, 3;

⟨επιβαινω⟩, -εβησαν, C., Ded., *ca.* 340, *SEG* XXVIII 380, 5;

⟨επιβαλλω⟩, -βαλλει, Co., D.D., s. III/II, *IG* IX 1, 694, 124;

⟨επιγιγνωσχω⟩, -γινωσχετω, Co., D.D., s. III/II, *IG* IX 1, 694, 72;

Επιγου-, -ος, Acr., C.Ofr., s. III/II, *IG* XIV 1, 211, II 3; -ου,
    ibid., II 3;

⟨επιγραφω⟩, -γραψαντες, Co., D.D., s. III/II, *IG* IX 1, 694, 115;

Επιδαμιων, Mag., T.H., *ca.* 200, *IvM* 46, 1, 3/4, 23, 24, 38;

Επιχρατ-, -ης, Syr., T.H., s. III?, *IG* XIV 1, 10, 1; -εος, Ph.,
    Ded.?, s. IV?, *IG* IV 459;

Επιχυδης, Mag., T.H., *ca.* 200, *IvM* 72, 2;

⟨επιχωλυω⟩, -χωλυοντος, Co., D.D., s. III/II, *IG* IX 1, 694, 30;

επιλεχτας, N., Ded., s. IV/III, *IG* IV 487, 2;

επιμελειαν, Co., D.D., s. III/II, *IG* IX 1, 694, 145; Mag., T.H.,
    s. II, *IvM* 45, 49;

⟨επιμελεομαι⟩, -μελεσθαι, N., Decr., s. IV/III, *IG* IV 480, 3;
    -μεληθημεν, Mag., T.H., s. III, *IvM* 44, 30;

[Ε]πιμενιδας, Mag., T.H., *ca.* 200, *IvM* 72, 43;

επινομ-, -οις, Co., D.D., s. III/II, *IG* IX 1, 694, 111, 124; -ων,
    ibid., 36, 126, 129;

Επιξενου, Acr., D.D.T., s. III/II, *IG* XIV 1, 217, 44;

επισαμου, Cos, Decr., *ca.* 242, *SEG* XII 377, 1;

⟨επισχευαζω⟩, -σχεαζειν, Co., Decr., 1/2 s. II, *IG* IX 1, 692, 6;

⟨επισοφευω⟩, -[σ]οφευε, Co., C.C., *in.* s. III, *IG* IX 1, 691, 15;

⟨επιστρατευω⟩, -στ[ρατευ]σαντας, Mag., T.H., *ca.* 200, *IvM* 46, 10;

επιταδειοι, Co., T.H., s. III, *IG* IX 1, 693, 3;

επιτιμι-, -α, Co., D.D., s. III/II, *IG* IX 1, 694, 124, 128; -[ου],

    Co., 1/2 s. II, *IG* IX 1, 692, 19/20;

επιτρο[παυ], Co., Decr., *ca*. 182/178, *IG* IX 1, 689, 8/9;

Επιτυχος, Co., C.C., *in*. s. III, *IG* IX 1, 691, 15;

επιφανειαυ, Mag., T.H., s. III, *IvM* 44, 12; Mag., T.H., s. II, *IvM*

    45, 19; [επιφαυ]ειαυ, Mag., T.H., *ca*. 200, *IvM* 46, 8;

    επι[φ]αυεια[υ], *IvM* 72, 14;

(επομαι), -μενοις, Co., C.C., *in*. s. III, *IG* IX 1, 691, 7;

επταχαιειχοσετους, Co., Epit. (I.M.), *ca*. 227, *IG* IX 1, 873, 4;

επταχ[οσιους], N., C.S., *ca*. 312/311, *SEG* XI 357, 3;

hεπτομ..., I., Epit. (I.M.), s. VI, *SEG* XVIII 141, 2;

Ερασιππι[ος], Sy., C.Np., *ca*. 460/450, *IG* IV 425, 5;

Ερασωυος, Co., *V.I.*, s. II, *IG* IX 1, 772;

Ερατοχλης, Sy., Decr., *ex*. s. III, *IG* IV 426, 6;

Ερατōι, C., T.V., s. V?, Krestchmer 20.9.17, 4; Krestchmer 24.9,

    30;

(εργαζομαι), εργασατο, Syr., Ded., *ca*. 480, *DGE* 144.1, 4;

εργασιας, Co., C.C., *in*. s. III, *IG* IX 1, 691, 2, 3, 8;

εργολαβων, Co., D.D., s. III/II, *IG* IX 1, 694, 32;

εργου, Co., Epit. (I.M.), *ca*. 229, *IG* IX 1, 872, 3;

Εριμυαστου, Co., *V.I.*, s. II, *IG* IX 1, 773; Εριμαυσ[του], *IG* IX 1,

    774;

Εριφυλα, C., T.V., s. VII/VI, *DGE* 122.8;

Ερμ-, -αι, Sy., Ded., s. II/I, *SEG* XIV 312, 1; Co., T.H., *ca*. 59,

    IG IX 1, 722, 4; -αυ, P., T.V., s. VI/V, *SEG* XXII 246 b;

Ερμαιος, Sy., Epit., s. III, *SEG* XI 261;

Ηρμαιος, C., T.V., s. VII/VI, *DGE* 122.10;

Ερμαιων, Co., Epit., s. II?, *IG* IX 1, 911;

[Ηερ]μαυϜιος, C., T.V., *ca.* 750/725, *SEG* XI 191, 4;

Ερ[μι]α, Co., Ded.?, s. III?, *IG* IX 1, 835;

Ερμωνι, Co., T.H., s. III, *IG* IX 1, 693, 7;

(ερχομαι), ελθηι, Sy., Decr., *ex.* s. III, *IG* IV 426, 3/4;
    [ελθ]ουτες, Co., Decr., *ca.* 182/178, *IG* IX 1, 689, 15;
    ευθη, C., Ded.?, F.D., *SEG* XI 119, 4; ευθου, Co., Epit.
    (I.M.), *in.* s. VI, *IG* IX 1, 867, 5; ηλθου, Co., Epit.
    (I.M.), s. I, *IG* IX 1, 878, 5;

(εσαγγελλω), [ε]σαγγειλας, C., Ded., s. VI, *IG* IV 212;

Εστιαι, Mag., T.H., *ca.* 200, *IvM* 46, 39;

εστιαυ, Mag., T.H., s. II, *IvM* 45, 47; εστι[ιαυ], Mag., T.H., *ca.*
    200, *IvM* 46, 40;

εστιατοριου, Sy., Decr., *ca.* 500, *SEG* XI 244, 1;

εταροι, Co., Epit. (I.M.), *ca.* 229, *IG* IX 1, 871, 4;

ετας, CorN., Decr., *ca.* 385, *DGE* 147, 12;

ετερου, Co., D.D., s. III/II, *IG* IX 1, 694, 84;

ετ-, -εσι, Syr., F.J., s. III, *IG* IX 1, 7, I 7; -ευς, Co., Epit.
    (I.M.), *IG* IX 1, 874, 2; -εωυ, Mag., T.H., s. II, *IvM* 45,
    14; Co., Epit. (I.M.), s. I, *IG* IX 1, 878, 6; -η, Co.,
    D.D., s. III/II, *IG* IX 1, 694, 46; -ους, Sy., Ded., s.
    II/I?, *SEG* XIV 312, 2; -ωυ, Co., D.D., s. III/II, *IG* IX 1,
    694, 47;

⟨ετι⟩, ετ´, Co., Epit. (I.M.), in. s. I, *IG* IX 1, 877, 7;

ευ, Co., Epit. (I.M.), ca. 227, *IG* IX 1, 872, 3;

Ευαινετος, Sy., Decr., ca. 500, *SEG* XI 244, 63;

Ευαλχος, Sy., Decr., ca. 500, *SEG* XI 244, 39;

Ευανδρος, N., *V.I.*, s. IV?, *SEG* XXXIII 273;

Ευανιος, Sy., Decr., ca. 500, *SEG* XI 244, 32;

Ευαντας, C., T.V., ca. 750/725, *SEG* XI 191, 2;

Ευβουλαν, N., C.M., ex. s. IV, *SEG* XXX 353, 1, 10/11;

Ευδαμιδας, Sy., Decr., ca. 500, *SEG* XI 244, 67;

Ευδικας, O., Ded., ca. 480, *IG* IV 416;

Ευδικος, C., T.V. (Ded.), ca. 625, *IG* IV 348;

⟨ευδοκεω⟩, -δοχου[μενων], Co., Decr., 1/2 s. II, *IG* IX 1, 692,
    1/2;

Ευδōρος, C., T.V., s. VII/VI, *DGE* 122.1;

ευεργεσι-, -αι, Mag., T.H., ca. 200, *IvM* 46, 27; ευε[ργ]εσιαν,
    ibid., 11; -ας, Mag., T.H., s. III, *IvM* 44, 13; Mag., T.H.,
    s. II, *IvM* 45, 21; ευε[ρ]γεσιας, Mag., T.H., ca. 200, *IvM*
    46, 13;

ευεργετ-, -αι, Co., T.H., s. III, *IG* IX 1, 693, 11; -αις, Co.,
    T.H. (D.P.), ca. 182, *IG* IX 1, 685, 11/12; *IG* IX 1, 686, 9;
    IG IX 1, 687, 10; *IG* IX 1, 688, 9/10; -αν, Co., T.H., ca.
    59, *IG* IX 1, 722, 3; [ευεργ]ετας, Mag., T.H., ca. 200, *IvM*
    46, 36;

⟨ευεργετεω⟩, -ερ[γετουσιν], C., T.H.?, ca. 169/155, *SEG* XI 57, 4;

ευεργετιδι, Mag., T.H., s. II, *IvM* 45, 13;

Ευεστιος, Sy., Decr., *ca.* 500, *SEG* XI 244, 37;

ΕυϜαρχος, C., T.V., s. VII/VI, *DGE* 122.10;

Ευθυδαμος, Sy., Decr., *ca.* 500, *SEG* XI 244, 55;

Ευχλειδ-, Ε[υ]χλειδα, Co., Decr.?, s. III?, *IG* IX 1, 695, 5; -ας,
    Le., Decr., *in.* s. II, *IG* IX 1, 534, 8;

Ευχλειωι, Co., D.D., s. III/II, *IG* IX 1, 694, 51, 57, 59;

Ευχλ-, -εος, Acr., D.D.T., s. III/II, *IG* XIV 1, 217, 19; -ευς,
    Syr., T.V., s. III?, *SEG* XVI 540 a; -ης, Acr., C.Ofr., s.
    III/II, *IG* XIV 1, 212, I 12;

Ευχλι<α>δας, I., Ded., s. IV?, *IG* IV 201, 3;

Ευχρινα[ς], C., Epit., s. V, *SEG* XI 157;

(ευμενω), [ε]υμενοισα, C., Ded., *ca.* 650, Jeffery, *Plate* 18.7;

Ευμναστιδας, Sy., Decr., *ca.* 500, *SEG* XI 244, 69;

ευνοι-, -[αι], Mag., T.H., *ca.* 200, *IvM* 46, 27; -αν, Syr., F.J.,
    s. III, *IG* XIV 1, 7, I 4; [ευ]νοιας, Mag., T.H., *ca.* 200,
    IvM 46, 37;

Ευνος, C., T.V., s. VII/VI, *DGE* 122.10;

[Ε]υολθων, CorN., Decr., *ca.* 385, *DGE* 147, 25;

ευονομ΄, Delfos, Ded., *ca.* 478, Jeffery, *Plate* 51.9, 3;

ευπαλαμου, Co., Epit. (I.M.), s. I, *IG* IX 1, 879, 4;

Ευπολεμου, Co., *V.I.*, s. II, *IG* IX 1, 754, 2;

Ευπ[ρ]α[ξ]ινος, I., Epit., F.D., *IG* IV 208, 1;

Ευρυβα[τας], C., T.V., s. V?, Krestchmer 24.9, 29;

[Ευρυ]βατις, P., T.V., *ca.* 600/575, *SEG* XXII 242 b;

Ευρυδιχα, C., T.V., s. VII/VI, *DGE* 122.8;

Ευρυμας, C., T.V., s. VII/VI, *DGE* 122.10;

Ευρυμε̄δε̄ς, C., Ded., s. VI, *IG* IV 227;

ευσεβει-, -αι, Mag., T.H., *ca.* 200, *IvM* 46, 27; *IvM* 72, 28; -ας, Mag., T.H., s. III, *IvM* 44, 38;

(ευσεβεω), [ε]υσεβεων, Co., Epit. (I.M.), *in.* s. I, *IG* IX 1, 877, 12;

ευ[σεβ]εως, Mag., T.H., *ca.* 200, *IvM* 46, 4, 24/25;

Ευσχανου, Co., Ded.?, s. III?, *IG* IX 1, 836;

Ευστρατος, C., Ded., s. VI, *IG* IV 228;

Ευτυχος, I., Ded., s. IV?, *IG* IV 201, 2;

(ευφορεω), [ευφο]ρουσι, Acr., *V.I.* (I.M.), s. II/I, *SEG* XXXI 823, B 6;

[Ευ]φρα[ινου], P., T.V., s. IV/III, *SEG* XI 238;

Ευφραι-, -ος, Le., Ded., s. VI, *DGE* 141; Acr., C.Np., s. III/II, *IG* XIV 1, 209, II 4; Acr., C.Ofr., s. III/II, *IG* XIV 1, 211, I 4; *IG* XIV 1, 212, II 11; -ου, *ibid.*, II 11;

Ευφραινωρ, Le., Decr., *in.* s. II, *IG* IX 1, 534, 8/9;

Ευφραστος, Sy., Decr., *ca.* 500, *SEG* XI 244, 72;

Ευφροσυνου, Co., Epit., s. II?, *IG* IX 1, 936; *IG* IX 1, 937;

ευχαν, Acr., Ded., s. III?, *IG* XIV 1, 205, 4;

Ευχηριδα, Ph., Ded.?, s. IV?, *IG* IV 460;

(ευχομαι), -ομενο[ς], I., Ded., 1/2 s. VI, *SEG* XVIII 140 b;

Ευωπις, Ph., C.Np., s. IV, *SEG* XXVI 416, 2;

(εφαιρεω), -[αι]ρεθεισιν, Co., D.D., s. III/II, *IG* IX 1, 694, 93;

(εφερπω), -ερπουτας, CorN., Decr., *ca.* 385, *DGE* 147, 9;

εφεστ[ι]ου, Mag., T.H., *ca.* 200, *IvM* 46, 40/41;

εφοδιαι, N., Ded., s. VI/V, *IG* IV 484;

Εχεχλε̄ς, C., *N.S.*, s. V, *SEG* XI 201;

Εχεσθενη, Co., T.H. (D.P.), *ca.* 182, *IG* IX 1, 687, 4;

(εχω), εχει, C., I.M., s. IV, *SEG* XI 152, 2; εχειν, Co., T.H.
        (D.P.), *ex.* s. IV, *IG* IX 1, 682, 13; Co., D.D., s. III/II,
        IG IX 1, 694, 12, 143; Co., T.H. (D.P.), *ca.* 182, *IG* IX 1,
        685, 18; *IG* IX 1, 688, 15; εχ[ειν], Co., D.D., s. III/II,
        IG IX 1, 694, 140; εχου, Cos, Decr., *ca.* 242, *SEG* XII 377,
        1;

Ϝαχαβα, C., T.V., s. VII/VI, *DGE* 122.4;

Ϝαναχτι, N., Ded., *ca.* 560, *SEG* XI 290, 2/3; C., Ded., s. VI, *IG*
    IV 217; *IG* IV 220; C., Ded., s. V?, *IG* IV 328; Ϝανα(χ)τι,
    C., Ded., s.VI, *IG* IV 222; Ϝαν(αχ)τι, C., Ded., s. VI, *IG*
    IV 223; [Ϝαν]αχτι, C., Ded., s. VI, *IG* IV 211; *IG* IV 216;
    Ϝ[αναχτι], C., Ded., s. VI, *IG* IV 215; Ϝαν[αχτι], C.,
    Ded., s.VI, *IG* IV 219; *IG* IV 221; [Ϝ]αναχτι, C., Ded., s.
    VI, *IG* IV 224; Ϝαναχ[τι], C., Ded., s. VII/VI, *IG* IV 236;
    Ϝανα[χτι], N., Ded., s. VI, *SEG* XI 291;

Ϝαχυς, C., T.V., s. VII/VI, *DGE* 122.10;

Ϝεχτας, Syr., *V.I.*, *ca.* 525/500, *SEG* XXIII 392, 2;

Ϝεξ, N., *R.A.*, s. V, *SEG* XI 294, 2;

Ϝεξαχατιας, Co., *V.I.*, *ca.* 525/500, *SEG* XXIII 393, 4;

Ϝεξε̄χουτα, Co., *V.I.*, *ca.* 525/500, *SEG* XXIII 393, 3/4;

Ϝεπις, Sy., Decr., *ca.* 500, *SEG* XI 244, 26;

Ϝιν[ο]ιδ΄, I., Ded., 1/2 s. VI, *SEG* XVIII 140 b;

Ϝιολα, C., T.V., s. VII/VI, *DGE* 122.10;

ϜιολαϜος, C., T.V., s. VII/VI, *DGE* 122.10;

Ϝιολ[ας], C., Ded., *ca.* 625/600, *IG* IV 295;

Ϝhιος, N., Ded., *ca.* 560, *SEG* XI 290, 6;

ϜισϜαρχος, Sy., Decr., *ca.* 500, *SEG* XI 244, 59;

Ϝιφιτος, C., T.V., s. VII/VI, *DGE* 122.10;

Ϝιο̄ι, C., T.V., s. VII/VI, *DGE* 122.7 (2); C., T.V., s. V?,
    Krestchmer 24.9, 27; Krestchmer 24.9, 29;

Ϝιο̄χε, C., T.V., s. VII/VI, *DGE* 122.9;

Ϝιο͂ν, C., T.V., s. VII/VI, *DGE* 122.2;

Ϝιο͂νις, C., T.V., s. VII/VI, *DGE* 122.4;

(οικεω), Ϝοικεουσιν, Sy., Decr., *ca.* 500, *SEG* XI 244, 2;

Ϝουλιαι, N., *R.A.*, s. V, *SEG* XI 294, 3;

ζαμ⟨ι⟩α, Ph., Decr., *ca.* 600/550, *SEG* XI 275, 3;

ζεχ[α], Ph., Decr., *ca.* 600/550, *SEG* XI 275, 3;

[Ζ]ευξιππωι, C., Ded., s. IV/III, *SEG* XI 126;

Ζευξις, Le., Decr., *in.* s. II, *IG* IX 1, 534, 11/12;

⟨Ζευς⟩, Δι, N., Ded., s. VI, *SEG* XI 291; N., Ded., *ca.* 560, *SEG* XI
290, 2; Le., Ded., s. V?, *DGE* 143; Syr., Ded., *ca.* 474, *DGE*
144.2, 3; [Δ]ι, N., Ded., s. IV/III, *IG* IV 487, 1; ΔιϜ···,
N., Decr., *ca.* 367, *SEG* XXIII 179, 2; Διι, Syr., Ded., *ca.*
250, Ditt. I 428, 3; Διος, N., Ded., *ca.* 500, *SEG* XXVIII
391; N., Ded., *ex.* s. V, *SEG* XXXI 302; C., T.V. (Ded.), s.
IV, *SEG* XI 211 a; N., Ded., *in.* s. IV, *SEG* XXX 351; N.,
Ded. (G.), s. IV, *SEG* XXXII 367; Co. ,L.T., s. IV?, *IG* IX
1, 702, 1; Acr., Ded., s. IV?, *IG* XIV 1, 203, 1; C., Ded.?,
s. IV/III, *SEG* XI 188; Syr., Ded. s. III?,*IG* XIV 1, 3, 5;
Acr.,*V.I.*, s. II/I,*SEG* XXXI 822, A 1; Ζευς, C., Ded., *in.*
s. VII, *IG* IV 263; C., Ded., s. V?, *IG* IV 264;

Ζηνων, Co., Epit. (I.M.), s. I, *IG* IX 1, 878,1,7; *IG* IX 1, 879, 1;

ζοφεραι, Co., Epit. (I.M.), s. III, *IG* IX 1, 874, 8;

Ζωγρ···, C., Ded.?, s. IV/III, *SEG* XXV 342 e;

Ζωιλου, Co., Ded., s. I, *IG* IX 1, 709, 2;

Ζωπυρ-, -ου, Ph., Ded.?, s. IV/III?, *IG* IV 461, 1; Acr., C.Ofr.,
s. III/II, *IG* XIV 1, 211, I 3; II 11; -ωι, Acr., D.D.T.,
s. III/II, *IG* XIV 1, 217, 11, 44;

Ζωσιμη, Co., Epit. (I.M.), *in.* s. I, *IG* IX 1, 877, 6;

ηιθεων, Co., Epit. (I.M.), s. I, *IG* IX 1, 878, 2;

Ηλιοδω[ρ]ο[υ], Co., Epit. (I.M.), s. I, *IG* IX 1, 878, 1;

ημιμν[αιου], N., *R.A.*, s. IV, *IG* IV 481, 8; ημιμναιου, Mag., T.H.,
        ca. 200, *IvM* 46, 42;

ημισυ, CorN., Decr., *ca.* 385, *DGE* 147, 9, 10;

ημιταλαντου, Co., C.C., *in.* s. III, *IG* IX 1, 691, 9;

ημος, Acr., *V.I.*, s. II/I, *SEG* XXXI 822, B 10;

Η͞ερ-, -α, P., Ded., *ca.* 600, *SEG* XI 223, 1; C., T.V., s. VI, *SEG*
        XXV 344; -αι, P., Ded., *ca.* 525/500, *SEG* XI 226, 1; P.,
        Ded., s. VI/V, *SEG* XXII 234; P., Ded., *in.* s. V, *SEG* XI
        228, 2; [Η͞ε]ρα[ι], P., Ded., s. VII/VI, *SEG* XI 225, 2;
        Η<ε͞>ρα[ι], P., T.V., *ex.* s. V, *SEG* XXII 250 j; -ας, P.,
        T.V., s. V, *SEG* XXII 250 d; Η<ε͞>ρα[ς], P., G., s. VI, *SEG*
        XXII 235; [Η]ε͞ρα[ς], P., T.V., s. V, *SEG* XXII 250 b;
        Η͞ερ[ας], P., T.V., *ca.* 475/450, *SEG* XXII 250, c, g;

Ηρ-, -αι, Acr., C.Np., s. III/II, *IG* XIV 1, 208, 4; -ας, Sy.,
        Epit. (I.M.), s. IV, *SEG* XV 195, 4;

Ηραιδι, Co., T.H., s. III, *IG* IX 1, 693, 16;

Ηρακλεα, Ph., Epit., s. II/I?, *IG* IV 474;

Ηρακλ-, -ει, Sy., Ded., s. II/I?, *SEG* XIV 312, 1; Co., T.H., *ca.*
        59, *IG* IX 1, 722, 4; [Ηρ]ακλεο[ς], Syr., Ded., s. III?, *IG*
        XIV 1, 3, 7; Ηερα<χ>λε͞ς, P., T.V., *ca.* 600/575, *SEG* XXII
        242 b;

Ε͞ρακλειας, C., Ded., *ca.* 625/550, Jeffery, *Plate* 19.13;

Ηρακλειδ-, -α, Acr., C.Np., s. III/II, *IG* XIV 1, 210, 3, 6; Acr.,

C.Ofr., s. III/II, *IG* XIV 1, 212, I 10; Acr., D.D.T., s.
III/II, *IG* XIV 1, 217, 23; -αι, *ibid.*, 23; -ος, Acr.,
Ded.?, s. III?, *IG* XIV 1, 214, 3; Acr., C.Np., s. III/II,
IG XIV 1, 209, I 3; *IG* XIV 1, 210, 3, 8; Acr., C.Ofr., s.
III/II, *IG* XIV 1, 211, I 11;

Ηρακλει-, -ος, Acr., C.Np., s. III/II, *IG* XIV 1, 209, I 4; Acr.,
C.Ofr., s. III/II, *IG* XIV 1, 212, I 4; -ου, Acr., C.Np.,
s. III/II, *IG* XIV 1, 208, 1; Acr., C.Ofr., s. III/II, *IG*
XIV 1, 212, I 4; Acr., D.D.T., s. III/II, *IG* XIV 1, 217,
9; Ηρακλ[ειου], Acr., C.Np., s. III/II, *IG* XIV 1, 209, 1;
-ωι, Acr., D.D.T., s. III/II, *IG* XIV 1, 217, 42;

ηριου, Co., Epit. (I.M.), *in.* s. I, *IG* IX 1, 877, 1;

Ηε̄ρμινα, Sy., Epit.?, *ex.* s. VI, *SEG* XXIV 271, 2;

ηρω, Co., T.H., 1/2 s. III, *IG* IX 1, 683, 8;

Ιαχχου, Co., Ded., s. II, *IG* IX 1, 708, 2;

Ιαλλις, C., Ded., s. V, *SEG* XXV 339;

[Ηι]αρα, P., T.V., s. VI, *SEG* XI 230;

[ιαρο]μναμονας, N., Decr., s. IV/III?, *IG* IV 480, 2;

ιαρ-, -ος, C., Ded., s. V, *SEG* XXII 217; Co., L.T., s. V, *IG* IX 1,
    698, 1; -ου, Cl., Decr., *ca.* 575/550, *IG* IV 1607, 16; Co.,
    L.T., *in.* s. IV?, *IG* IX 1, 700, 1;

Ηιαρō̄ν, Syr., Ded., *ca.* 474, *DGE* 144.2, 1;

Ιγρō̄ν, C., Ded., s.VI?, *IG* IV 230;

...ιδας, C., Ded., s. VI/V, *IG* IV 240;

ιδρις, Co., Epit. (I.M.), s. I, *IG* IX 1, 879, 4;

ιερ-, -α, Co., D.D., s. III/II, *IG* IX 1, 694, 105; -αν, Mag.,
    T.H., s. III, *IvM* 44, 36; Mag., T.H., *ca.* 200, *IvM* 42, 15;
    IvM 46, 32; Mag., T.H., s. II, *IvM* 45, 28; ι[ερ]αν, *ibid.*,
    11/12; -α[ς], Acr., *V.I.*, s. II/I, *SEG* XXXI 822, A 5;
    [ι]εροι, Co., Decr., 1/2 s. II, *IG* IX 1, 692, 20; -ου,
    Mag., T.H., s. III, *IvM* 44, 13; Mag., T.H., *ca.* 200, *IvM*
    46, 9, 28; Co., Decr., *ca.* 182/178, *IG* IX 1, 690, 5; Co.,
    Decr., 1/2 s. II, *IG* IX 1, 692, 17; Mag., T.H., s. II, *IvM*
    45, 22, 51; Co., Epit. (I.M.), s. I, *IG* IX 1, 879, 5;
    Ηιερος, C., T.V. (Ded.), *ex.* s. VI, *SEG* XIV 300; -ου, Acr.,
    V.I., s. II/I, *SEG* XXXI 822, C 4; -ους, Mag., T.H., s. III,
    IvM 44, 35; -ων, Syr., C.Np., s. III, *IG* XIV 1, 8, 6;

(ιερατευω), -ευουτος, Acr., Ded., s. III?, *IG* IX 1, 205, 2;

Syr., Ded., s. III?, *IG* XIV 1, 4, 2; Acr., D.D.T., s.
III/II, *IG* XIV 1, 217, 5; -ωι, *ibid.*, 1, 7;

θε-, -οις, Sy., Ded., s. III, *IG* IV 435, 3; Syr., Ded., s. III?,
IG XIV 1, 2, 3; Co., Ded., s. III/II, *IG* IX 1, 707, 5;
Co., Ded., s. II, *IG* IX 1, 708, 3; Co., Ded., s. I, *IG* IX
1, 709, 3; Co., T.H., *ca.* 19/13, *IG* IX 1, 723, 4; [θ]εοις,
Sy., Ded., s. III/II, *SEG* XI 253; -ον, Mag., T.H., s. III,
IvM 44, 38; -ος, Co., Decr.?, s. III?, *IG* IX 1, 695, 1;
-ου, Mag., T.H., s. III, *IvM* 44, 14, 36; Mag., T.H., *ca.*
200, *IvM* 42, 16; *IvM* 46, 10, 13, 16; *IvM* 72, 33; Mag.,
T.H., s. II, *IvM* 45, 9, 19; -ους, Mag., T.H., *ca.* 200, *IvM*
46, 27; -ωι, Mag., T.H., s. III, *IvM* 44, 28; Mag., T.H.,
s. II, *IvM* 45, 25; -ων, Acr., *V.I.* (I.M.), s. II/I, *SEG*
XXXI 823, B 7, 9; θε[ων], Mag., T.H., *ca.* 200, *IvM* 46, 37;

Θεοχλειδας, Sy., Decr., *ca.* 500, *SEG* XI 244, 75;

Θεομηδης, Co., Epit., s. III?, *IG* IX 1, 890, 1;

Θεοπροπος, Delfos, Ded., *ca.* 500, Ditt. I 18, 2;

[Θεο]τιμος, CorN., Decr., *ca.* 385, *DGE* 147, 23;

Θεοφιλου, Acr., C.Np., s. III/II, *IG* XIV 1, 209, II 4;

Θερο͞υ, C., T.V., (Ded.), *ca.* 625, *IG* IV 348;

Θερσανδρος, C., T.V., s. VII/VI, *DGE* 121.1; Sy., Decr., *ca.* 500,
SEG XI 244, 50, 62;

Θερ[σ]ια, Co., *V.I.*, s. II/I, *IG* IX 1, 775;

[Θ]ερσιλα, C., Ded.?, *ca.* 250/146, *SEG* XI 54, 1;

Θε[ρσ]ιων, Co., C.Np., *ex.* s. IV, *IG* IX 1, 976, 3;

Θεσμοφοριου, Syr., T.V., s. III?, *SEG* XVI 540 g;

Θεσσαλ-, [Θε]σσαλοι, Co., Decr., *ca.* 182/178, *IG* IX 1, 689, 4;
      -ων, *ibid.*, 1;*d.*, 1;

Θετις, C., T.V., s. V?, Krestchmer 19.9, 17; Θετ[ις], P., T.V.,
      ca. 600/575, *SEG* XXII 242 e;

Θευδοσιου, C., T.V., s. III, *SEG* XI 218, A 2;

Θευδω[ριδα], C., T.V., s. III, *SEG* XI 218, B 1;

Θευδωρου, Co., T.H. (D.P.), *ca.* 182, *IG* IX 1, 685, 5, 21/22;
      Θευδ[ω]ρου, Co., D.D., s. III/II, *IG* IX 1, 694, 38;

Θευχριτος, C., T.V., *ca.* 100, *SEG* XXVIII 385, 2/3;

Θεων, Ph., Epit., s. II/I?, *IG* IV 475, 1;

θεωρ-, -ου, Mag., T.H., *ca.* 200, *IvM* 42, 1; θεωρο[υς], Mag., T.H.,
      s. II, *IvM* 45, 32, 40; -ων, Mag., T.H., s. II, *IvM* 45, 3;
      θεωρ[ων], Mag., T.H., *ca.* 200, *IvM* 46, 45;

θεωρωσν..., N., Decr., *ca.* 145, *SEG* XXIII 180, 7;

θιαριας, Mag., T.H., s. III, *IvM* 44, 41;

θιαροδοχου, Mag., T.H., s. III, *IvM* 44, 40;

θιαρ-, -οι, Mag., T.H., s. III, *IvM* 44, 28; -οις, *ibid.*, 24, 31;
      -ους, *ibid.*, 9, 18, 37; θια[ρ]ους, Mag., T.H., *ca.* 200,
      IvM 46, 5; [θι]αρους, *ibid.*, 34;

Θιοδεχτα, N., Decr., *ca.* 145, *SEG* XXIII 180, 3;

θυειτα, Acr., *V.I.*, s. II/I, *SEG* XXXI 822, B 3;

(θνησχω), εθανεν, Sy., Epit. (I.M.), s. IV, *SEG* XV 195, 3; θανε,
      Ac., Epit., s. V, *DGE* 140, 4;

Θοινιας, Sy., C.J., *ca.* 260/220, *IG* IV 428, 11; Sy., T.H., *ca.*

Ισσαιων, CorN., Decr., *ca.* 385, *DGE* 147, 2;

(ισταμαι), -ενου, Mag., T.H., *ca.* 200, *IvM* 72, 4;

(ιστημι), hεστακ´, Co., Epit. (I.M.), s. VI, *IG* IX 1, 870 1;

Ιστιαν, Syr., F.J., s. III, *IG* XIV 1, 7, II 3; Syr., *V.I.*, s.

III/II, *DGE* 147^g; Mag., T.H., *ca.* 200, *IvM* 72, 42;

ιστορα, Co., Epit. (I.M.), *ca.* 229, *IG* IX 1, 873, 5;

ι[σ]τορ[ι]ογραφων, Mag., T.H., *ca.* 200, *IvM* 46, 13/14;

Ιφινοην, Sy., Epit. (I.M.), s. IV, *SEG* XV 195, 4;

ϑαλαμας, Acr., D.D.T., s. III/II, *IG* XIV 1, 217, 24;

ϑαλος, Co., Epit. (I.M.), s. I, *IG* IX 1, 878, 2;

Θαμιχλει, Co., T.H., s. III, *IG* IX 1, 693, 13;

Θασιδος, I., Ded., s. IV, *SEG* XVIII 138;

ϑε-, -αι, P., Ded., s. VII/VI, *SEG* XI 225, 1; Mag., T.H., *ca.*
    200, *IvM* 72, 35; -αις, Syr., Ded., s. III?, *IG* XIV 1, 204,
    5; -ας, Mag., T.H., s. III, *IvM* 44, 11/12; Mag., T.H., *ca.*
    200, *IvM* 72, 14;

ϑεαροδοχ-, -ου, Mag., T.H., *ca.* 200, *IvM* 41, 18; *IvM* 42, 17;
    ϑεαρ[οδοχου], Mag., T.H., *ca.* 200, *IvM* 72, 42;
    ϑεαρο[δ]οχος, Mag., T.H., *ca.* 200, *IvM* 41, 18;

ϑεαρ-, -οις, Mag., T.H., *ca.* 200, *IvM* 41, 16; -ους, Mag., T.H.,
    ca. 200, *IvM* 72, 36; -ω, Mag., T.H., *ca.* 200, *IvM* 72, 11;
    IvM 41, 2; *IvM* 72, 11;

Θεασων, N., Decr., *ca.* 229, *SEG* XXIII 178, 26;

Θεδōρος, Co., V.I., *ca.* 500, *SEG* XXX 523, 4/5;

ϑει-, -α, Acr., V.I., s. II/I, *SEG* XXXI 822, B 2; -ου, Mag.,
    T.H., *ca.* 200, *IvM* 46, 4, 24;

Θελξαγοραν, Sy., Ded.?, *ca.* 500/480, *SEG* XIV 309, 2;

ϑεμ(α), Acr., D.D.T., s. III/II, *IG* XIV 1, 217, 2, 4, 6, 8, 10,
    12, 14, 16, 18, 20, 22, 24, 27, 29, 31, 33, 35, 37, 39,
    41, 43, 45, 47, 49;

Θεμιστιου, Co., Decr., *ca.* 182/178, *IG* IX 1, 689, 4;

Θεμισων, Co., Epit., s. II?, *IG* IX 1, 913, 1/2;

Θεοδωρ-, -ος, Acr., C.Ofr., s. III/II, *IG* XIV 1, 212, I 11; - ου,

ιερειου, Mag., T.H., s. III, *IvM* 44, 31; Mag., T.H., *ca.* 200, *IvM*
    46, 40;

Ιεροχλεος, Syr., Ded., s. III?, *IG* XIV 1, 2, 2;

ιερομναμονος, CorN., Decr., *ca.* 385, *DGE* 147, 1;

Ιερων-, -ι, Acr., D.D.T., s. III/II, *IG* XIV 1, 217, 38; -ος, Syr.,
    Ded., *ca.* 250, Ditt. I 428, 2; Syr., Ded., s. III?, *IG* XIV
    1, 2, 2; Acr., Ded., s. III?, *IG* XIV 1, 204, 3; *IG* XIV 1,
    215, b; Ιερ[ω]νος, *ibid.*, a;

(ιζω), ηισατο, Co., Ded., s. VI, *IG* IX 1, 704, 1/2;

(ιημι), ιεις, Co., Epit. (I.M.), s. I, *IG* IX 1, 878, 4;

Ιχεταιδας, Co., Ded., s. III/II, *IG* IX 1, 707, 3;

Ιχετινου, N., Decr., *ca.* 145, *SEG* XXIII 180, 4;

(ιχω), ιχομες, C., T.V. (Ded.), s. V?, *IG* IV 329;

[ι]λαρου, Acr., *V.I.* (I.M.), s. II/I, *SEG* XXXI 823, A 1;

ιλαρχ-, -ος, N., Ded., s. IV/III, *IG* IV 487, 2; -ω, *ibid.*, 3, 4,
    5;

Ιλλυριοισιν, Co., Epit. (I.M.), *ca.* 229, *IG* IX 1, 871, 3;

Ηιππαλχμος, C., T.V., s. VII/VI, *DGE* 122.8;

Ιππανθου, Mag., T.H., s. II, *IvM* 45, 48;

Ηι(π)παρχου, Acr., Decr., *ca.* 483/482, *SEG* XII 407, 5;

Ηι(π)πασος, C., T.V., s. VII/VI, *DGE* 122.8;

ιππευς, Sy., *V.I.*, s. III, *SEG* XI 268, 3;

ιππιχου, Mag., T.H., s. III, *IvM* 44, 7; Mag., T.H., *ca.* 200, *IvM*
    41, 9, 13; *IvM* 42, 10; *IvM* 46, 21; Mag., T.H., s. II, *IvM*

45, 17;

Ι(π)πōι, C., T.V., s. V?, Krestchmer 24.9, 29;

Ηιπποκρατι[ε̄ς], Ph., Decr., *ca.* 600/550, *SEG* XI 275;

[Ιππο]λοχου, Co., Decr., *ca.* 182/178, *IG* IX 1, 689, 2;

Ηι(π)πολυτος, C., T.V., s. VI, *SEG* XI 198 h; Ηιππολυτος, C., T.V., s. V?, Krestchmer 25.9, 33;

ιππομαχοισι, Co., Epit. (I.M.), *ca.* 229, *IG* IX 1, 871, 3;

Ηιππομαχος, C., T.V., s. VII/VI, *DGE* 122.4;

Ηιπποτιου, C., T.V., s. VII/VI, *DGE* 122.8;

Ιππωνος, Acr., C.Ofr., s. III/II, *IG* XIV 1, 212, I 8;

ισανεμ[ος], Acr., *V.I.* (I.M.), s. II/I, *SEG* XXXI 823, A 5;

Ισθμι-, -α, Sy., C.J., *ca.* 260/220, *IG* IV 428, 2, 4, 8; Mag., T.H., *ca.* 200, *IvM* 42, 14;2, 14; -ω[ν], Mag., T.H., *ca.* 200, *IvM* 72, 39;

Ισθμιαδι, Sy., C.J., *ca.* 260/220, *IG* IV 428, 3;

Ισθμōι, Sy., C.J., *ca.* 500/475, *SEG* XI 257, 3, 5;

Ιοι, Sy., Ded., s. III/II, *SEG* XI 252, 2; C., Ded., s. III/II, *SEG* XXVII 34, 3;

ισοπυθι-, -ου, Mag., T.H., s. III, *IvM* 44, 8, 22; Mag., T.H., *ca.* 200, *IvM* 42, 10; *IvM* 46, 20, 22; *IvM* 72, 21; Mag., T.H, s. II, *IvM* 45, 16; [ι]σο(π)υθιου, Mag., T.H., *ca.* 200, *IvM* 41, 8; ισοπυθιο[ν], *ibid.*, 13; *IvM* 46, 29/30; ισο[πυθιον], *IvM* 72, 30; -ους, Mag., T.H., *ca.* 200, *IvM* 42, 11/12;

ισοφρον[ος], Co., Epit. (I.M.), *in.* s. I, *IG* IX 1, 877, 9;

221/216, *IG* IV 427, 2;

θρασεων, Co., Epit. (I.M.), *ca.* 229, *IG* IX 1, 872, 3;

Θρασυλλος, Co., *V.I.*, *ca.* 500, *SEG* XXX 520, 3/4;

Θρασυμ..., P., T.V., s. V, *SEG* XXII 251 c;

Θρασυμα[χος], C., Ded., 1/2 s. V, *IG* IV 229;

[Θρα]συμε[δες], P., T.V., *ca.* 600/575, *SEG* XXII 242 c;

θρασυπτολεμων, Co., Epit. (I.M.), *ca.* 229, *IG* IX 1, 871, 2;

θρασ[ω]ν, Sy., Ded., s. II, *IG* IV 431, 1;

θρηνον, Co., Epit. (I.M.), s. I, *IG* IX 1, 878, 4;

θυγατερα, Sy., Ded., s. III?, *IG* IV 435, 3;

θυσι-, -αις, Mag., T.H., s. III, *IvM* 44, 25; -αν, Mag., T.H., s.
    III, *IvM* 44, 5, 21, 31/32; Cos, Decr., *ca.* 242, *SEG* XII
    377, 3; Mag., T.H., *ca.* 200, *IvM* 41, 7, 9/10; *IvM* 42, 7;
    θυ[σ]ιαν, Mag., T.H., s. II, *IvM* 45, 14/15; θυσ[ι]α[ν],
    Mag., T.H., *ca.* 200, *IvM* 46, 19/20; θ[υσι]αν, *ibid.*,
    21/22; -ας, Mag., T.H., s. III, *IvM* 44, 17, 19;

(θυω), θυσαι, Mag., T.H., *ca.* 200, *IvM* 46, 40;

θωμαντας, Ph., Ded.?, s. IV?, *IG* IV 462, 1;

109, 127; -χρησαμενος, *ibid.*, 110/111; -χρησθημεν, *ibid.*, 107, 127; κατεχρησθη, *ibid.*, 113;

(καταχωριζω), -εχεχωριστο, Mag., T.H., s. II, *IvM* 45, 8;

(κατεχω), -εχει, Sy., Epit. (I.M.), s. IV, *SEG* XV 195, 4;

Καφισοδδρος, C., Ded., *ca.* 450/425, *IG* IV 356;

Κεβριονας, C., T.V., s. VII/VI, *DGE* 122.4;

χεδνου, Co., Epit. (I.M.), *in.* s. I, *IG* IX 1, 876, 1; χεδνο[ν], Acr., *V.I.* (I.M.), s. II/I, *SEG* XXXI 823, B 2;

χεινος, Co., Epit. (I.M.), s. I, *IG* IX 1, 878, 3;

Κειοι, N., C.S., *ca.* 312/311, *SEG* XXV 357, 4;

(χελευω), χελευει, N., Decr., *ca.* 229, *SEG* XXIII 178, 8;

(χεραννυμι), χερασας, Co., Epit. (I.M.), s. I, *IG* IX 1, 879, 5;

χερχα, Co., Epit., s. II?, *IG* IX 1, 916;

Κερχυραιοι, Sy., Ded., F.D., *SEG* XXV 354, 3;

Κεσανδρα, C., T.V., s. VII/VI, *DGE* 122.4;

χετος, C., T.V., s. VII/VI, *DGE* 122.10;

(χευθω), -ο[μαι], Co., Epit. (I.M.), s. II, *IG* IX 1, 875, 3; -ουσης, Co., Epit. (I.M.), *in.* s. I, *IG* IX 1, 877, 5;

χεφαλαιου, Co., D.D., s. III/II, *IG* IX 1, 694, 56, 58, 70, 71, 73, 75;

χηπος, I., Cat., S. IV/III, *SEG* XXIX 338, 6;

χηρου, N., *R.A.*, s. IV, *IG* IV 481, 7;

Κιανις, C., T.V., s. VII/VI, *DGE* 122.4;

(χινδυνευω), -ευσας, Co., T.H., 1/2 s. III, *IG* IX 1, 683, 2;

Co., Epit. (I.M.), *in.* s. VI, *IG* IX 1, 867, 4;

Καχχαριχοις, Acr., D.D.T., s. III/II, *IG* XIV 1, 217, 43;

χαλ-, -α, N., G., *in.* s. V, *SEG* XXIX 353 b; [χ]αλου, N., Ded., *ca.*
525, *SEG* XXVI 419, 3; -ος, N., G., *in.* s. V, *SEG* XXIX 353
b; χαλ[ος], *ibid.*, c; -ου, N., Ded., *ca.* 525, *SEG* XXVI 419,
4; -ων, Mag., T.H., s. III, *IvM* 44, 16; -ως, Co., T.H.
(D.P.), *ex.* s. IV, *IG* IX 1, 682, 13; Co., D.D., s. III/II,
IG IX 1, 694, 11/12, 143; Co., T.H. (D.P.), *ca.* 182, *IG* IX
1, 685, 18; *IG* IX 1, 688, 14/15; χα[λ]ως, Co., D.D., s.
III/II, *IG* IX 1, 694, 140;

(χαλεω), -εσαι, Mag., T.H., s. III, *IvM* 44, 39; Mag., T.H., *ca.*
200, *IvM* 46, 39/40; *IvM* 72, 41; χεχλε̄σεται, Ac., Epit., s.
V, *DGE* 140, 1/2; [χλ]ηϑημεν, Mag., T.H., s. II, *IvM* 45, 46;

Καλληνος, CorN., Decr., *ca.* 385, *DGE* 147, II 42;

Καλλι..., Sy., C.Np., *ca.* 460/450, *IG* IV 425, 2;

Καλλιας, Co., C.Np., *ex.* s. IV, *IG* IX 1, 976, 6;

Καλλιβιος, Sy., Decr., *ca.* 500, *SEG* XI 244, 41;

Καλλιχλε̄ς, Sy., Decr., *ca.* 500, *SEG* XI 244, 44;

Καλλιχρατεια[ς], Ph., Ded.?, s. IV?, *IG* IV 463, 1;

Καλλιχρατ-, -εος, Acr., C.Np., s. III/II, *IG* XIV 1, 211, I 4;
Καλλ[ιχρ]ατ[ους], I., Epit., F.D., *IG* IV 208, 2;

Κα(λ)λιοπ[α], C., T.V., s. VI, *SEG* XI 199 a; Καλλιοπα, Co., Epit.
(I.M.), *ca.* 227, *IG* IX 1, 873, 2;

Καλλισϑενης, Co., Epit. (I.M.), s. II, *IG* IX 1, 875, 2;

καλλιστ-, -α, Co., T.H., 1/2 s. III, *IG* IX 1, 683, 7; Mag., T.H.,
   ca. 200, *IvM* 46, 4; -ου, Co., T.H., 1/2 s. III, *IG* IX 1,
   683, 5;

[Κα]λλισταιεις, Mag., T.H., *ca.* 200, *IvM* 41, 20;

Κα⟨λ⟩λιστρατος, C., Ded., *ex.* s. V, *IG* IV 355; Καλλιστρατος, Sy.,
   C.J., *ca.* 260/220, *IG* IV 428, 1; [Κα]λλιστρατος, N., *V.I.*,
   s. IV, *SEG* XXVIII 392; -ου, Co., Ded.?, s. III?, *IG* IX 1,
   837;

[καλυπτ]ηρα, Co., Decr., 1/2 s. II, *IG* IX 1, 692, 14;

Καμινος, C., T.V. (Ded.), s. V?, *IG* IV 332;

χανεθε̄χε, C., Ded., *ca.* 575/550, *IG* IV 244;

χανθα[ρος], C., Ded.?, s. V?, *IG* IV 312;

Καννει, Acr., D.D.T., s. III/II, *IG* XIV 1, 217, 40;

⟨χαρπειω⟩, -ευειν, Co., T.H., s. III, *IG* IX 1, 693, 3;

χαρυχται, Co., D.D., s. III/II, *IG* IX 1, 694, 52;

χαρυξ, Acr., C.Ofr., s. III/II, *IG* XIV 1, 211, II 12; *IG* XIV 1,
   212, II 10;

χασιγνετοιο, Co., Epit. (I.M.), *in.* s. VI, *IG* IX 1, 867, 6;

χασσιτερου, Co., C.C., *in.* s. III, *IG* IX 1, 691, 8;

Καστο̄ρ, P., T.V., *ca.* 600/575, *SEG* XXII 242 d; Καστο̄ρ, C., T.V.,
   s. VII/VI, *DGE* 122.8;

⟨χατα⟩, χαθ´, Co., Decr., *ca.* 182/178, *IG* IX 1, 690, 8, 8/9;
   [χ]αθ´, Co., T.H., 1/2 s. III, *IG* IX 1, 683, 7; χατ´, Mag.,
   T.H., *ca.* 200, *IvM* 46, 5; Co., Epit. (I.M.), *in.* s. I, *IG*

Κονδōν, Co., V.I., ca. 500, SEG XXX 520, 2;

Κονωνος, Mag., T.H., ca. 200, IvM 41, 3;

Κορ-, -αξ, C., T.V., s. VII/VI, DGE 122.2; -αξς, ibid., 4;

Κορει-, -ον, Acr., D.D.T., s. III/II, IG XIV 1, 217, 4; -ον,
    ibid., 6, 8, 10, 12, 20, 29, 31, 33;

ΚορϜ-, -αν, C., G., in. s. V, SEG XI 145; -α[ς], P., T.V., 1/2 s.
    VI, SEG XXII 240 b;

Κορινθι-, -αν, Co., D.D., s. III/II, IG IX 1, 694, 19; -ος, ibid.,
    41/42; -ος, C., Ded., ex. s. V, IG IV 355; C., Ded., s.
    IV?, IG IV 361; -ον, Co., Epit., s. III?, IG IX 1, 893, 2;
    Mag., T.H., s. III, IvM 44, 32; Co., D.D., s. III/II, IG IX
    1, 694, 4, 7, 69, 102, 112; Mag., T.H., ca. 200, IvM 46,
    41; -ων, Mag., T.H., ca. 200, IvM 42, 7; Κοριν[θιων], Co.,
    Ded.?, F.D., IG IX 1, 830;

Κορινθ-, -ον, C., Ded., ca. 340, SEG XXVIII 380, 3; -ος, C., Ded.,
    s. IV/III?, IG IV 360, 1; -ον, Sal., V.I. (I.M.), ca. 480,
    DGE 126, 1;

Κορχυραι-, -οις, Mag., T.H., s. III, IvM 44, 20; Co., T.H. (D.P.),
    ca. 182, IG IX 1, 687, 11; -ον, Co., Decr., ca. 182/178, IG
    IX 1, 689, 13;, -ων, Mag., T.H., s. III, IvM 44, 1, 5, 25;
    Co., D.D., s. III/II, IG IX 1, 694, 3, 6; Co., T.H. (D.P.),
    ca. 182, IG IX 1, 685, 3/4; IG IX 1, 686, 4/5; IG IX 1,
    687, 3; Co., T.H., ca. 19/13, IG IX 1, 723, 1;
    [Κορ]χυραιων, Cos, Decr., ca. 242, SEG XII 377, 1;

⟨χα⟩, χ΄, Co., D.D., s. III/II, *IG* IX 1, 694, 17, 25, 55, 84, 90,

125; χα, Co., T.H. (D.P.), *ex.* s. IV, *IG* IX 1, 682, 12;

Co., Decr.?, s. III?, *IG* IX 1, 695, 3; Mag., T.H., s. III,

IvM 44, 18, 30, 33; Co., T.H., 1/2 s. III, *IG* IX 1, 683, 5;

N., Decr., *ca.* 229, *SEG* XXIII 178, 7, 11; Co., D.D., s.

III/II, *IG* IX 1, 694, 11, 70, 76 (2), 89, 95, 96, 99, 103,

114, 117, 135, 137, 139, 140, 143; Mag., T.H., *ca.* 200, *IvM*

72, 35; Le., Decr., *in.* s. II, *IG* IX 1, 534, 2; Co., T.H.

(D.P.), *ca.* 182, *IG* IX 1, 685, 16; *IG* IX 1, 688, 13; χε,

C., C.Ofr., *ca.* 575/550, Jeffery, *Plate* 20.18, 3/4;

χαθα, Mag., T.H., *ca.* 200, *IvM* 42, 12; *IvM* 72, 7;

⟨χαθαιρω⟩, -αραμενου, Cl., Decr., *ca.* 575/550, *IG* IV 1607, 14/15;

χαθαπερ, Co., T.H., 1/2 s. III, *IG* IX 1, 693, 12;

χαθαρσιυ, Cl., Decr., *ca.* 575/550, *IG* IV 1607, 12/13;

⟨χαθιστημι⟩, χαταστασαι, Mag., T.H., *ca.* 200, *IvM* 41, 17;

χαθως, Mag., T.H., s. III, *IvM* 44, 17, 26; Co., D.D., s. III/II,

IG IX 1, 694, 11, 22, 64, 68, 74, 82, 96, 99, 104, 122,

125, 131, 138; Mag., T.H., *ca.* 200, *IvM* 72, 35; Le., Decr.,

in. s. II, *IG* IX 1, 534, 4; Co., Decr., *ca.* 182/178, *IG* IX,

1, 689, 7; *IG* IX 1, 690, 7; χ[α]θως, Mag., T.H., *ca.* 200,

IvM 41, 15;

χαιρου, Mag., T.H., s. III, *IvM* 44, 28; Mag., T.H., *ca.* 200, *IvM*

46, 43;

χαχ-, -ας, Co., Epit. (I.M.), *in.* s. I, *IG* IX 1, 877, 7; -ο[υ], [κιν]δυνους, Co., T.H., s. III?, *IG* IX 1, 684, 5;

χλαρον, CorN., Decr., *ca.* 385, *DGE* 147, 6;

χλαρονομου, Syr., Ded.?, s. III?, *IG* XIV 1, 6, 2;

[Κλ]εανδρος, N., Ded., *ca.* 525, *SEG* XXVI 419, 2;

Κ[λεα]ρχος, Co., Ded., s. III/II, *IG* IX 1, 707, 4;

Κλειδας, Sy., Ded., F.D., *SEG* XXV 354, 1;

Κλειδιχου, Mag., T.H., s. III, *IvM* 44, 40;

Κλεινα, Co., Epit., s. III, *SEG* XXV 612;

Κ(λ)εινις, C., T.V., s. VII/VI, *IG* IV 346;

Κλειτιας, Sy., Decr., *ca.* 500, *SEG* XI 244, 31;

Κλειτολας, O., Epit., s. VI/V, *IG* IV 415;

Κλεομενε̄ς, Syr., Ded., *in.* s. V, *IG* XIV 1, 1; Κλεο[μεν]ε̄ς, Syr.,
        Ded., s.V?, *SEG* IV 1, 1;

Κλεομε̄δε̄ς, Sy., Decr., *ca.* 500, *SEG* XI 244, 73;

Κλεοπ[ατρα], C., T.V., s. VII/VI, *DGE* 122.7;

Κλεοσ[θενης], N., Ded., s. IV/III, *IG* IV 487, 3;

Κλεοστρατο[υ], Co., Decr., *ca.* 182/178, *IG* IX 1, 689, 13;

Κλευχρατευς, Syr., T.V., s. III/II, *SEG* XV 607, A 1/2;

Κλευπολιο[ς], C., T.V., s. III, *SEG* XI 218, B 2;

Κλεω, I., Ded., s. IV, *SEG* XVIII 138;

Κλεο̄ν, Sy., Decr., *ca.* 500, *SEG* XI 244, 9; Κλεων, Acr., C.Np., s.
        III/II, *IG* XIV 1, 208, 10; Ph., Epit., s. II/I?, *IG* IV 476,
        2;

Κλεωναι, N., C.M., s. IV, *SEG* XXVI 421.1, 2;

Κλεōναι-, -ου, N., Ded., *ca.* 560, *SEG* XI 290, 677; Κλεωναιων, N.,

    Decr., *ca.* 229, *SEG* XXIII 178, 2; Κλεωναιω[ν], *ibid.*, 7,

    10;

Κλεōνυμου, P., T.V., s. V, *SEG* XXII 251 e;

...χλιδας, C., T.V., *ca.* 750/725, *SEG* XI 191, 5;

Κλυχα, C., T.V., s. VII/VI, *IG* IV 347;

χλυτ-, -ου, Co., Epit. (I.M.), s. III, *IG* IX 1, 874, 7; Co., Epit.

    (I.M.), *ca.* 227, *IG* IX 1, 873, 5; -ου, Co., Epit. (I.M.),

    s. II, *IG* IX 1, 875, 5;

Κλυτος, C., T.V., s. VII/VI, *DGE* 122.5;

(χλυω), εχλυε, Co., Epit. (I.M.), *ca.* 229, *IG* IX 1, 871, 1;

Κυιδι-, -ου, C., T.V., s. III, *SEG* XI 218, A 3; -(ου), *ibid.*, B 3;

Κυισι..., Co., Decr.?, s. III?, *IG* IX 1, 695, 7;

Κυωσσιω, Co., T.H., s. III, *IG* IX 1, 693, 4;

χοιν-, -α, Sy., Decr., *ca.* 500, *SEG* XI 244, 1; -αυ, Mag., T.H.,

    ca. 200, *IvM* 46, 40; *IvM* 72, 42; [χ]οιναυ, Mag., T.H., s.

    II, *IvM* 45, 47; -οι, Co., Decr., 1/2 s. II, *IG* IX 1, 692,

    1; -ου, Co., D.D., s. III/II, *IG* IX 1, 694, 120/121; Mag.,

    T.H., *ca.* 200, *IvM* 46, 11;

(χοινωνεω), -ησουντας, Mag., T.H., s. III, *IvM* 44, 19;

Κοχχαλος, CorN., Decr., *ca.* 385, *DGE* 147, II 41;

χολπων, Acr., V.I., s. II/I, *SEG* XXXI 822, B 8;

(χομιζω), -ιξαντων, Mag., T.H., s. II, *IvM* 45, 7; [χομισα]μενων,

    Co., T.H., s. III?, *IG* IX 1, 683, 3;

IX 1, 876, 4; κατα, Co., Epit. (I.M.), *in.* s. VI, *IG* IX 1,

868, 3; Cl., Decr., *ca.* 575/550, *IG* IV 1607, 15; N., *V.I.*,

s. IV, *SEG* XXIII 183, 5; Co., T.H., s. III, *IG* IX 1, 693,

10; Mag., T.H., s. III, *IvM* 44, 6, 29, 36; Co., D.D., s.

III/II, *IG* IX 1, 694, 15, 31, 81, 87, 94, 119; Mag., T.H.,

ca. 200, *IvM* 42, 15, 16; *IvM* 41, 11; Co., Epit. (I.M.), *in.*

s. I, *IG* IX 1, 877, 2;

(καταβαινω), -βαντων, Co., Decr., *ca.* 182/178, *IG* IX 1, 690, 2;

κατεβαν, Co., Epit. (I.M.), s. I, *IG* IX 1, 879, 2;

(καταβιβασκω), -βιβασσχετο, C., L.T., s. V, *DGE* 126[a];

(καταβλαπτω), -βλαψηι, Co., D.D., s. III/II, *IG* IX 1, 694, 102;

(καταγραφω), -γεγραμμ[ε]ναι, Mag., T.H., *ca.* 200, *IvM* 46, 16;

-γεγραμμενοις, Mag., T.H., *ca.* 200, *IvM* 42, 4/5; καταγραφω,

Co., C.M., s. III, *IG* IX 1, 977, 3, 5, 7, 8, 9/10;

(καταχρινω), -χριθεντα, Co., D.D., s. III/II, *IG* IX 1, 694, 119;

(καταλαμβανω), κατελαβον, CorN., Decr., *ca.* 385, *DGE* 147, 17;

(καταλειπω), καλλιπες, Co., Epit. (I.M.), s. III, *IG* IX 1, 874, 4;

[καταλει]πετο, Co., Epit. (I.M.), s. VI, *IG* IX 1, 870, 2;

καταλοιπα, Mag., T.H., *ca.* 200, *IvM* 46, 42;

καταμονον, CorN., Decr., *ca.* 385, *DGE* 147, 8;

καταξιως, Sy., Decr., *ex.* s. III, *IG* IV 426, 4/5;

(κατατασσω), -ταξαι, Mag., T.H., s. III, *IvM* 44, 35; -ταχθη[ναι],

Mag., T.H., s. II, *IvM* 45, 38;

(καταχραω), -χρησαιτο, Co., D.D., s. III/II, *IG* IX 1, 694, 34,

Κορ[κ]υ[ραιων], Co., Ded.?, F.D., *IG* IX 1, 831;

Κο[ρ]ρις, C., Ded., s. VII/VI, *IG* IV 233;

χορχυρε[αν], Co., Decr., 1/2 s. II, *IG* IX 1, 692, 8/9;

Κοσσυφα, Co., Epit., s. III, *IG* IX 1, 888;

Κοτυλλα, C., T.V., s. VII/VI, *SEG* XXV 343;

Κρατεας, Co., *V.I.*, *ca.* 525/500, *SEG* XXIII 392, 4;

χρατε[ρο]φρονο[ς], Sy., Ded., s. III?, *IG* XIV 1, 3, 7;

Κρηταιε[ων], Mag., T.H., *ca.* 200, *IvM* 46, 11;

Κριθων, Acr., C.Np., s. III/II, *IG* XIV 1, 208, 8;

⟨χρινω⟩, εχριναμεν, Co., Decr., *ca.* 182/178, *IG* IX 1, 689, 14/15;
    χρινεσθαι, Co., D.D., s. III/II, *IG* IX 1, 694, 119;
    χρινεσθω, *ibid.*, 125;

χρισι-, -ας, Co., D.D., s. III/II, *IG* IX 1, 694, 120; -ν, *ibid.*,
    114;

Κριτων, Acr., C.Ofr., s. III/II, *IG* XIV 1, 211, II 2; -ωνος,
    ibid., II 2;

Κρουιουι, N., Ded., *ca.* 560, *SEG* XI 290, 2; N., Ded., s. VI, *SEG*
    XI 291;

χρυεραι, Co., Epit. (I.M.), s. III, *IG* IX 1, 874, 6;

⟨χρυπτω⟩, εχρυψε, Sy., Epit. (I.M.), s. IV, *SEG* XV 195, 1;

Κρωμιτης, C., Ded.?, *ca.* 325/280, *SEG* XXII 219, 2;

⟨χτεινω⟩, χτεινεν, Co., Epit. (I.M.), *ca.* 227, *IG* IX 1, 873, 6;

⟨χτεριζω⟩, εχτερισαν, Co., Epit. (I.M.), *ca.* 229, *IG* IX 1, 872, 4;
    χτερισαν, Co., Epit. (I.M.), *ca.* 229, *IG* IX 1, 871, 4;

Κτησιππος, Sy., Decr., *ex.* s. III, *IG* IV 426, 7;

χτιστηρα, C., Ded., *ca.* 340, *SEG* XXVIII 380, 3;

χυδος, Co., Epit. (I.M.), *in.* s. I, *IG* IX 1, 877, 3;

Κυθνιο[ι], N., C.S., *ca.* 312/311, *SEG* XXV 357, 5;

Κυχλιας, N., C.M., s. IV, *SEG* XXVI 421.2;

χυχλος, Co., Epit. (I.M.), s. III, *IG* IX 1, 874, 2;

[Κ]υλαμου, C., Ded.?, s. V?, *IG* IV 328;

Κυλλα, Co., Epit., s. III, *SEG* XXV 614, 1;

Κυλλαρος, C., T.V., s. VII/VI, *DGE* 121.3 (2);

Κυ⟨λ⟩λιας, C., T.V. (Ded.), s. VII/VI, *IG* IV 349;

Κυλοιδας, C., Ded., s. VI, *IG* IV 210;

Κυμαθοος, C., T.V., s. VII/VI, *DGE* 122.10;

Κυμας, Syr., Ded., *ca.* 474, *DGE* 144.2, 3;

Κυματοθα, C., T.V., s. VII/VI, *DGE* 122.7;

Κυνισκ⟨ο⟩ς, Co., G., *ca.* 525/500, Jeffery, *Plate* 46. 14;

Κυννει[ου], C., Ded., s. III?, *IG* IV 363, 1;

Κυψελιδαι, C., Ded., *ca.* 625/550, Jeffery, *Plate* 19.13;

Κωθ[ωνος], Co., *V.I.*, s. II/I, *IG* IX 1, 776;

Κωιων, Cos, Decr., *ca.* 242, *SEG* XII 377, 3;

χωμ-, -αι, Co., T.H., s. III, *IG* IX 1, 693, 23; -ας, Co., Decr.,
         ca. 182/178, *IG* IX 1, 690, 4;

Κωμιχου, Co., T.H., s. III, *IG* IX 1, 693, 17;

χωμωιδους, Co., D.D., s. III/II, *IG* IX 1, 694, 21, 86;

χωφου, Co., Epit. (I.M.), s. I, *IG* IX 1, 878, 8;

(λαγχανω), ελαχε, C., T.V., s. IV, *SEG* XI 204; CorN., Decr., *ca.* 385, *DGE* 147, 8; λελουχοτος, Co., Epit. (I.M.), s. III, *IG* IX 1, 874, 5;

ΛαδαμαϜος, C., T.V., s. VII/VI, *DGE* 122. 10

ΛαϜοπτολεμος, C., T.V., s. VII/VI, *DGE* 122.10;

Λαιδας, C., T.V., s. VII/VI, *DGE* 122.10; P., T.V., *ca.* 575/550, *SEG* XXII 242 f;

Λα<ι>λαπο[ς], P., T.V., *ca.* 575/550, *SEG* XXII 242 f;

Λακριτου, Co., Ded.?, s. III?, *IG* IX 1, 838;

Λαχο͞υ, C., T.V., s. VII/VI, *DGE* 122.1;

(λαμβανω), λαβε, P., T.V., s. VI/V, *SEG* XXII 246 b; [λ]αβε, *ibid.*, a; λαβειν, CorN., Decr., *ca.* 385, *DGE* 147, 3, 9;

Λαμι-, -α, Co., Epit., s. III?, *IG* IX 1, 895; -ας, Acr., D.D.T., s. III/II, *IG* XIV 1, 217, 41, 47;

Λαμις, P., Epit., s. VI, *SEG* XI 239;

Λαμισχου, Le., Decr., *in.* s. II, *IG* IX 1, 534, 6, 10 ,12;

Λαμπετου, Mag., T.H., *ca.* 200, *IvM* 41, 3; *IvM* 42, 2;

(λανθανω), ελαθουτο, Co., Epit. (I.M.), *ca.* 229, *IG* IX 1, 872, 1;

λαοις, Acr., *V.I.*, s. II/I, *SEG* XXXI 822, B 19;

Λαρισαιου, Co., Decr., *ca.* 182/178, *IG* IX 1, 689, 3;

Λαστρατος, Ph., Decr., *ca.* 600/550, *SEG* XI 275, 7;

(λαω), λοι, Ph., Decr., *ca.* 600/550, *SEG* XI 275, 6; λωυτι, Co., D.D., s. III/II, *IG* IX 1, 694, 118;

(λειπω), λειφθεν, Co., D.D., s. III/II, *IG* IX 1, 694, 28, 136; λελοιπας, Co., Epit. (I.M.), s. I, *IG* IX 1, 878, 7; λιπηι,

Co., D.D., s. III/II, *IG* IX 1, 694, 27; λιποι, *ibid.*, 135;

λιπουτα, Co., Epit. (I.M.), *ca.* 227, *IG* IX 1, 873, 4;

Λεουτις, Ph., Epit., s. II/I, *IG* IV 477; Λ[ε]ουτις, C., T.V., s. VII/VI, *DGE* 122.8;

Λευχας, C., Ded., s. IV/III?, *IG* IV 360;

Λευχι-, -ου, N., Decr., *ca.* 145, *SEG* XXIII 180, 10; -ου, *ibid.*, 13; Co., Ded., s. I, *IG* IX 1, 709, 2;

λευχ[ο...], P., Ded., *ca.* 600, *SEG* XI 223, 1;

λευχολευοι, P., Ded., s. VII/VI, *SEG* XI 225, 1;

Λευχοφρυην-, -αι, Mag., T.H., s. III, *IvM* 44, 6/7; Mag., T.H., *ca.* 200, *IvM* 41, 6, 12; *IvM* 42, 9; Mag., T.H., s. II, *IvM* 45, 14; Λ[ε]υχ[οφ]ρυηναι, Mag., T.H., *ca.* 200, *IvM* 46, 29; Λε[υχοφρυη]ναι, *ibid.*, 39; [Λευχο]φρυηναι, Mag., T.H., *ca.* 200, *IvM* 72, 6/7; Λευχοφ[ρυ]ηναυ, Mag., T.H., *ca.* 200, *IvM* 46, 17/18; Λευχοφρυ[η]ναυ, Mag., T.H., s. II, *IvM* 45, 10; -ας, Mag., T.H., s. III, *IvM* 44, 21; Λευχοφρυ[η]νων, Mag., T.H., s, II, *IvM* 45, 30;

(Λεων), Λεουτος, Co., Ded., s. III/II, *IG* IX 1, 707, 4; Le., Decr., *in.* s. II, *IG* IX 1, 534, 11; Λεων, Co., Epit., s. II, *IG* IX 1, 917;

Λ̄εξειατας, Co., L.T., *in.* s. V, *IG* IX 1, 696;

λῃστας, Co., Epit. (I.M.), *ca.* 227, *IG* IX 1, 873, 5;

λιθιυαυ, Co., D.D., s. III/II, *IG* IX 1, 694, 142;

λιθων, Co., Decr., *ca.* 182/178, *IG* IX 1, 690, 5;

Λιμευι-, -αι, P., Ded., *ca.* 525/500, *SEG* XI 226, 2; -[αι], P.,

T.V., s. VI, *SEG* XXII 240 p; -ας, P., T.V., s. VI, *SEG*
XXII 241 b;

λιμου, Acr., *V.I.*, s. II/I, *SEG* XXXI 822, C 8;

Λιπαραι, Co., T.H., s. III, *IG* IX 1, 693, 15;

Λιπαριου, Sy., Decr., *ca.* 500, *SEG* XI 244, 42;

λοιπ-, -α, Mag., T.H., s. III, *IvM* 44, 37; Co., D.D., s. III/II,
   IG IX 1, 694, 11, 21, 63, 81, 86, 139; -αι, Mag., T.H., s.
   III, *IvM* 44, 17; -ου, Co., D.D., s. III/II, *IG* IX 1, 694,
   93; -ων, Mag., T.H., s. III, *IvM* 44, 19/20;

Λοκρις, C., Ded.?, s. V?, *IG* IV 313;

Λοκρου, Co., T.H. (D.P.), *ca.* 182, *IG* IX 1, 685, 5, 22;

Λοφιος, Co., Ded., s. VI, *IG* IX 1, 705;

Λυγδαμι, Co., T.H., s. III, *IG* IX 1, 693, 3/4;

λυγρομ, Co., Epit. (I.M.), *ca.* 229, *IG* IX 1, 871, 1;

Λυκαια, Sy., C.J., *ca.* 260/220, *IG* IV 428, 3, 9;

Λυκισκ-, -ε, Co., Epit., s. II?, *IG* IX 1, 919 (2); *IG* IX 1, 937;
   -ου, Co., T.H. (D.P.), *ca.* 182, *IG* IX 1, 687, 3;

Λυκος, Co., Epit., s. II?, *IG* IX 1, 932, 1;

Λυκοφρουιδαι, N., *V.I.*, s. III?, *SEG* XXXII 365 a;

Λυκοφρουος, Co., T.H. (D.P.), *ca.* 182, *IG* IX 1, 688, 3, 18;

Λυκωνος, Acr., C.Np., s. III/II, *IG* XIV 1, 209, I 7;

Λυσανδριδας, C., T.V. (Ded.), *ca.* 625, *IG* IV 348;

Λυσανο[ρος], Co., Decr., *ca.* 182/178, *IG* IX 1, 689, 10;

Λυσε[ας], C., T.V., s. V, *SEG* XI 202;

Λυσια, Acr., C.Ofr., s. III/II, *IG* XIV 1, 212, I 7;

Λυσιαδας, C., Ded., 1/2 s. V, *IG* IV 232;

Λυσιδαμος, Sy., Decr., *ca.* 500, *SEG* XI 244, 57;

λυσινοσα, Sy., Epit. (I.M.), s. IV, *SEG* XV 195, 2;

Λυσιπολις, C., T.V., s. VII/VI, *DGE* 121.3;

Λυσι(π)πος, C., Ded.?, s. V?, *IG* IV 314;

[Λ]υσις, Acr., Epit., s. V, *DGE* 146.1;

Λυσιστρατου, Co., Epit., s. III?, *IG* IX 1, 891;

Λυσιο̄ν, Sy., Decr., *ca.* 500, *SEG* XI 244, 13;

λωιου, Mag., T.H., *ca.* 200, *IvM* 46, 17; Mag., T.H., s. II, *IvM*
        45, 9;

λωτων, Co., Epit. (I.M.), s. I, *IG* IX 1, 879, 6;

μαγιρος, Co., C.Np., *ex.* s. IV, *IG* IX 1, 976, 7;

Μαγνησιας, Mag., T.H., *ca.* 200, *IvM* 46, 45;

Μαγνητ-, Μαγνησι, Mag., T.H., s. III, *IvM* 44, 26; Μαγνησιν, Mag., T.H., *ca.* 200, *IvM* 46, 24; [Μ]αγ[νητεςl, *ibid.*, 2; Μαγν[η]τες, *ibid.*, 29; [Μαγ]νητες, Mag., T.H., *ca.* 200, *IvM* 41, 11; -ων, Mag., T.H., s. III, *IvM* 44, 4, 11, 22, 41; Mag., T.H., *ca.* 200, *IvM* 42, 2, 8; *IvM* 46, 14; Mag., T.H., s. II, *IvM* 45, 4, 11, 20; [Μαγ]νητων, Mag., T.H., *ca.* 200, *IvM* 46, 18; Μαγ[νη]των, *ibid.*, 26; Μα[γνητω]ν, Mag., T.H., s. II, *IvM* 45, 13; Μαγ[ν]ητων, *ibid.*, 27; Μ[αγν]ητων, *ibid.*, 48;

Μαιανδρ-, -ου, Mag., T.H., *ca.* 200, *IvM* 42, 2; *IvM* 72, 12; Mag., T.H., s. II, *IvM* 45, 4/5; Μ[α]ι[α]νδρ[ου], Mag., T.H., *ca.* 200, *IvM* 46, 3; -ωι, Mag., T.H., s. III, *IvM* 44, 4;

μαλα, Co., Epit. (I.M.), *ca.* 229, *IG* IX 1, 871, 1;

Μαλεχο, C., T.V., *ca.* 750/725?, *SEG* XI 191, 6;

μανιας, Sy., Epit. (I.M.), s. IV, *SEG* XV 195, 2;

μαντει-, -α, Mag., T.H., s. III, *IvM* 44, 6; -ου, Mag., T.H., *ca.* 200, *IvM* 41, 11;

Μαρχου, Co., T.H., *ca.* 59, *IG* IX 1, 722, 1; Co., T.H., *ca.* 19/13, *IG* IX 1, 723, 2;

μαρτυρ-, -ες, Co., D.D., s. III/II, *IG* IX 1, 694, 37; Le., Decr., *in.* s. II, *IG* IX 1, 534, 9; -ων, Co., C.M., s. III, *IG* IX 1, 977, 3/4;

μασθοις, Acr., D.D.T., s. III/II, *IG* XIV 1, 217, 41, 47;

Μαστεαβαρ, Syr., *V.I.*, s. III, *SEG* XVI 535;

ματηρ, C., Ded., *ex.* s. IV, *SEG* XXV 336, 2; ματρι, Co., Epit.
(I.M.), s. III, *IG* IX 1, 874, 4; ματρος, Co., Epit.
(I.M.), s. VI, *IG* IX 1, 870, 1; ματρ[ος], *ibid.*, 2;

μαχαι, Mag., T.H., *ca.* 200, *IvM* 46, 9;

Μαχανεος, Co., D.D., s. III/II, *IG* IX 1, 694, 1/2, 48;

⟨μεγας⟩, μεγ´, Co., Epit. (I.M.), *ca.* 229, *IG* IX 1, 872, 4;
μεγαλας, Syr., Ded., s. VI, *SEG* XXXII 935;

Με⟨δ⟩οχριτοι, C., Ded., *ca.* 500/475, *IG* IV 353;

Μεθιχουτος, N., Decr., *ca.* 229, *SEG* XXIII 178, 24;

Μηειδ[ουος], N., Ded., *ca.* 525, *SEG* XXVI 419, 4;

Μηειξιος, Co., Epit. (I.M.), s. VI, *IG* IX 1, 869;

μειου, Co., D.D., s. III/II, *IG* IX 1, 694, 52, 118;

μεις, Co., T.H. (D.P.), *ex.* s. IV, *IG* IX 1, 682, 2; Cos, Decr.,
ca. 242, *SEG* XII 377, 2; μηνα, Co., D.D., s. III/II, *IG* IX
1, 694, 54; μηνι, *ibid.*, 51, 57, 59, 62; μηνος, Mag., T.H.,
s. III, *IvM* 44, 2; Co., D.D., s. III/II, *IG* IX 1, 694, 1,
48, 92, 98; Co., Decr., *ca.* 182/178, *IG* IX 1, 689, 3,
7; μη[ν]ος, Mag., T.H., *ca.* 200, *IvM* 46, 2;

Μελαμπους, Sy., Epit. (I.M.), s. IV, *SEG* XV 195, 1;

Μελανθιωι, Co., C.C., *in.* s. III, *IG* IX 1, 691, 7; [Μελ]ανθιωι,
ibid., 13;

[Μ]ελανιπιδι[αι], N., *V.I.*, s. III?, *SEG* XXXII 365, B.1;

[με]λεαν, Co., Epit. (I.M.), *in.* s. I, *IG* IX 1, 877, 10;

Μελιθη[ρ]ιος, Ph., Epit., s. IV, *IG* IV 452, 1;

Μελ⟨ις⟩, C., Ded.?, *ca.* 350/325, *SEG* XXV 351;

Μελισ..., C., Ded.?, s. IV/III, *SEG* XI 189 c;

Μελισσι, Co., Epit., s. II?, *IG* IX 1, 920;

⟨μελλω⟩, μελλεις, Co., Epit. (I.M.), s. I, *IG* IX 1, 879, 1;

Μεμν͞ον, Sy., T.V., s. V?, Krestchmer 51.35; Μεμν[ο͞ν], C., T.V.,

    s. VII/VI, *DGE* 122.6;

Μενεας, C., T.V. (Ded.), *ca.* 625, *IG* IV 348;

Μενεχλει[ο]υς, Mag., T.H., *ca.* 200, *IvM* 41, 18;

Μενεκρατ-, -εος, Co., Epit. (I.M.), *in.* s. VI, *IG* IX 1, 867, 1;

    -ης, Acr., C.Ofr., s. III/II, *IG* XIV 1, 211, II 13;

Μενεστρατου, Co., V.I., s. I, *IG* IX 1, 778;

Μενετιμος, Sy., Decr., *ca.* 500, *SEG* XI 244, 48;

Μενισχος, Sy., Decr., *ca.* 500, *SEG* XI 244, 46;

Μενυλλου, CorN., Decr., *ca.* 385, *DGE* 147, III 38;

μερ-, -ει, CorN., Decr., *ca.* 385, *DGE* 147, 5; μ[ερ]ος, Co., Epit.

    (I.M.), s. I, *IG* IX 1, 879, 8;

Μεσοδαμου, CorN., Ded., *ca.* 385, *DGE* 147, 19,

[με]στα, Acr., V.I., s. II/I, *SEG* XXXI 822, C 1/2;

⟨μετα⟩, με[τ]΄, Co., D.D., s. III/II, *IG* IX 1, 694, 59; μετα,

    Co., T.H., 1/2 s. III, *IG* IX 1, 683, 2; Co., D.D., s.

    III/II, *IG* IX 1, 694, 14, 57, 78, 131, 144; Mag., T.H.,

    ca. 200, *IvM* 46, 7, 37; N., Decr., *ca.* 145, *SEG* XXIII 180,

    8;

μεταλλα, Co., C.C., *in.* s. III, *IG* IX 1, 691, 10;

μεταρσι[ος], Co., Epit. (I.M.), *in.* s. I, *IG* IX 1, 877, 11;

(μετεχω), -εχειν, Mag., T.H., s. III, *IvM* 44, 17;

με̄, Cl., Decr., *ca.* 575/550, *IG* IV 1607, 6; C., L.T., s. V, *DGE* 126[a];

(μηδε), μηδ΄, Co., D.D., s. III/II, *IG* IX 1, 694, 55; με̄δε, Sy., Decr., *ca.* 500, *SEG* XI 244, 3; μηδε, CorN., Decr., *ca.* 385, *DGE* 147, 11; N., *V.I.*, s. III, *SEG* XXIII 184, 3; Co., D.D., s. III/II, *IG* IX 1, 694, 47, 128, 129, 141;

(μηδεις), μηδεμιαι, Co., D.D., s. III/II, *IG* IX 1, 694, 109; με̄θεν, Cl., Decr., *ca.* 575/550, *IG* IV 1607, 8/9, 10; μηθεν, Co., D.D., s. III/II, *IG* IX 1, 694, 108, 140/141; μηθενι, *ibid.*, 105; μηθενος, *ibid.*, 30;

μηθαμως, Co., D.D., s. III/II, *IG* IX 1, 694, 108;

Μηλωσιου, Co., L.T., s. IV?, *IG* IX 1, 702, 2;

μηνιν, Sy., Epit. (I.M.), s. IV, *SEG* XV 195, 3;

Μηνοδοτος, Sy., Ded., s. II/I?, *SEG* XIV 312, 1;

Μηνοφιλου, Mag., T.H., s. III, *IvM* 44, 10; Mag., T.H., s. II, *IvM* 45, 6/7; Μηνοφι[λου], Mag., T.H., *ca.* 200, *IvM* 46, 6; Μηνοφιλο[υ], *IvM* 72, 12;

[Μη]τριχων, CorN., Decr., *ca.* 385, *DGE* 147, 28; Μητριχωντος, *ibid.*, 46;

Μητροδωρου, Co., C.C., *in.* s. III, *IG* IX 1, 691, 3;

μιαρ-, -ου, Cl., Decr., *ca.* 575/550, *IG* IV 1607, 9; μια[ρο]ν, *ibid.*, 6; -οι, *ibid.*, 12;

Μι(κ)χυλος, Sy., Decr., *ca.* 500, *SEG* XI 244, 15;

Μικυθας, Le., Epit., s. V, *DGE* 142;

Μιλὲσιος, Syr., Ded., *ca.* 480, *DGE* 144.1, 5;

Μιλōνιδας, C., Ded., *ca.* 575/550, *IG* IV 244;

⟨μιμνησχω⟩, μνασθησειται, Sy., Decr., *ex.* s. III, *IG* IV 426, 4;

Μινωια, Co., T.H., s. III, *IG* IX 1, 693, 12;

Μισγολαι, Co., T.H., s. III, *IG* IX 1, 693, 19;

⟨μισγω⟩, -ομενα, Co., Epit. (I.M.), s. III, *IG* IX 1, 874, 3;

μισθ-, -ου, Co., D.D., s. III/II, *IG* IX 1, 694, 33, 91; -ος, N.,
        R.A., s. V, *SEG* XI 294, 1;

⟨μισθοω⟩, -οιμενα, Co., D.D., s. III/II, *IG* IX 1, 694, 20;
        -ουσθω, *ibid.*, 83; -ωσαιτο, *ibid.*, 32;

μισθωσιν, Co., D.D., s. III/II, *IG* IX 1, 694, 4, 6/7, 16, 29, 35,
        41, 80, 108, 130, 137;

μισθωτοις, Co., C.C., *in.* s. III, *IG* IX 1, 691, 4;

μν-, -αι, Co., C.C., *in.* s. III, *IG* IX 1, 691, 11; Co., D.D., s.
        III/II, *IG* IX 1, 694, 12, 14, 77, 78, 134; -αν, *ibid.*, 19,
        25, 54, 85, 89; -ας, *ibid.*, 5, 7, 42, 69. 79. 91, 102,
        112;

⟨μναμονευω⟩, -ευοντος, Co., Decr., *ca.* 182/178, *IG* IX 1, 689, 10;
        -ευσας, Acr., Ded., s. III?, *IG* XIV 1, 204, 4;

Μνασαλ[χεος], Ph., Ded.?, s. IV?, *IG* IV 464;

Μνασια, Co., *V.I.*, s. II, *IG* IX 1, 779;

Μν[α]σιχλειδα, Mag., T.H., *ca.* 200, *IvM* 42, 17;

Μνασιχλεους, Sy., Ded., F.D., *SEG* XXV 354, 2;

[Μ]νασιλα, Co., *V.I.*, s. I, *IG* IX 1, 780;

Μνασιōν, Sy., Decr., *ca.* 500, *SEG* XI 244, 19;

Μναστηρος, CorN., Decr., *ca.* 385, *DGE* 147, II 48;

Μνασων, Mag., T.H., s. III, *IvM* 44, 3;

Μολοχαυτι, Co., T.H., s. III, *IG* IX 1, 693, 4;

μολπα[ις], Acr., *V.I.* (I.M.), s. II/I, *SEG* XXXI 823, B 3;

Μολωτ-, -α, Co., Ded., s. III/II, *IG* IX 1, 707, 1; Μολω[τ]α,
        ibid., 3; [Μολ]ωτα, Co., Ded., s. I, *IG* IX 1, 709, 3; -ας,
        Co., D.D., s. III/II, *IG* IX 1, 694, 37; -ι, Co., Epit., s.
        II?, *IG* IX 1, 921;

Μομμι-, -ου, N., Decr., *ca.* 145, *SEG* XXIII 180, 10; -ου, *ibid.*,
        13;

Μονδαιε-, Μον[δαιευσ]ι, Co., Decr., *ca.* 182/178, *IG* IX 1, 689,
        16/17; -ων, *ibid.*, 9, 18;

μονον, Syr., F.J., s. III, *IG* XIV 1, 7, I 5; Co., Epit. (I.M.),
        s. I, *IG* IX 1, 879, 3;

Μορφιανω, Acr., D.D.T., s. III/II, *IG* XIV 1, 217, 3;

μουσιχου, Mag., T.H., s. III, *IvM* 44, 7; Mag., T.H., *ca.* 200, *IvM*
        42, 9; *IvM* 41, 8; Mag., T.H., s. II, *IvM* 45, 16;
        μ[ουσιχο]υ, Mag., T.H., *ca.* 200, *IvM* 41, 13; μου[σι]χου,
        IvM 46, 20;

Μουσος, Sy., C.Np., *ca.* 460/450, *IG* IV 425, 3;

Μυχ[ουιοι], N., C.S., *ca.* 312/311, *SEG* XXV 357, 6;

μυρι´, Co., Epit. (I.M.), *ca.* 227, *IG* IX 1, 873, 1;

Μυριος, C., T.V., s. VII/VI, *DGE* 122.10;

Μυρμιδας, C., T.V. (Ded.), *ca.* 625, *IG* IV 348;

(μυρομαι), μυρατο, Co., Epit. (I.M.), *ca.* 227, *IG* IX 1, 873, 2;

Μ[υ]ρτιλου, Co., D.D., s. III/II, *IG* IX 1, 694, 38;

Μυς, Co., Ded., s. VI, *IG* IX 1, 704, 1; Μυος, C., Ded., s. III?,
   IG IV 367;

Μυτουο, N., C.M.?, s. IV, *SEG* XXVI 421.1, 1;

Ναα, Sy., C.J., *ca.* 260/220, *IG* IV 428, 8; Ναιοι, Le., Ded., s.
    V?, *DGE* 143;

(ναιω), εναιομες, Sal., *V.I.* (I.M.), *ca.* 480, *DGE* 126, 1; ναιω,
    Co., Epit. (I.M.), s. II, *IG* IX 1, 875, 5;

ναχος, Mag., T.H., *ca.* 200, *IvM* 46, 41;

ναου, N., *R.A.*, s. IV, *IG* IV 481, 4; [ν]αου, *ibid.*, 10;

νασωι, Co., T.H., s. III, *IG* IX 1, 693, 14; νασ[ω]ι, Co., Epit.
    (I.M.), *ca.* 229, *IG* IX 1, 871;

Ναυμαχος, P., Ded., *ca.* 525/500, *SEG* XI 226, 1;

Ναυσιθου, Co., Epit. (I.M.), *in.* s. I, *IG* IX 1, 876, 2;

Ναυσιχρατεο[ς], Co., *V.I.*, s. II, *IG* IX 1, 782; [Να]υσιχρατεος,
    IG IX 1, 783;

ναυσιν, Co., Epit. (I.M.), *in.* s. VI, *IG* IX 1, 868, 2;

Ναυτωρ, CorN., Decr., *ca.* 385, *DGE* 147, III 37;

ναωριον, Co., Decr., 1/2 s. II, *IG* IX 1, 692, 11; ναω[ριον],
    ibid., 9/10; ναω[ριου], *ibid.*, 4/5;

Νεανδρος, C., T.V., s. V, *SEG* XI 203, a, b;

Νεανθιδος, Ph., C.Np., s. IV, *SEG* XXVI 416, 1;

Νεαρ[χος], P., T.V., *ca.* 600, *SEG* XXII 240 a;

Νεβρις, C., T.V. (Ded.), s. VII/VI, *IG* IV 347;

Νεμε-, -α, Sy., C.J., *ca.* 260/220, *IG* IV 428, 4, 5, 6 (2); -αι,
    N., Ded., *ca.* 560, *SEG* XI 290, 5; N., Ded., *ca.* 500, *SEG*
    XXVIII 391; Νεμεα[ι], Sy., C.J., *ca.* 500/475, *SEG* XI 257,
    4; [Ν]εμεαι, N., Decr., *ca.* 145, *SEG* XXIII 180, 6; -ας,
    N., Decr., *ca.* 145, *SEG* XXIX 348, 5;

Νεμεαδι, Sy., C.J., *ca.* 260/220, *IG* IV 428, 7;

Νεμηνιδα, Th.H, *V.I.*, F.D., *IG* XIV 1, 316, 1;

νεοι, P., Ded., *ca.* 650, *SEG* XI 224 b;

Νεολας, Sy., Decr., *ca.* 500, *SEG* XI 244, 35;

Νεστōρ, C., T.V., s. VII/VI, *DGE* 122.6;

νεωτερους, Co., D.D., s. III/II, *IG* IX 1 694, 46;

Νηρηιδος, Syr., Ded., s. III?, *IG* XIV 1, 3, 2;

νιχα, I., Ded., 1/2 s. VI, *SEG* XVIII 140 a;

Νιχαγιδος, Syr., T.V., s. III?, *SEG* XVI 540 h;

Νιχαγορας, Ph., Ded.?, s. IV?, *IG* IV 465;

Νιχανδρου, Acr., C.Ofr., s. III/II, *IG* XIV 1, 212, I 6; Co.,
    V.I., s. II/I, *IG* IX 1, 784;

Νιχανωρ, Co., Ded., s. II, *IG* IX 1, 708, 3;

Νιχαρχος, Cos, Decr., *ca.* 242, *SEG* XII 377, 2;

Νιχασιων, Acr., C.Np., s. III/II, *IG* XIV 1, 209, I 9; II 3;

(νιχαω), -αθει[ς], Co., T.H., 1/2 s. III, *IG* IX 1, 683, 4;
    -ασαντων, Mag., T.H., *ca.* 200, *IvM* 46, 9; νιχασ[ας], N.,
    T.V., s. V?, *SEG* XXXI 303 b; -ον, N., Ded., *ca.* 560, *SEG*
    XI 290, 4; -ωντεσ[οι], Mag., T.H., *ca.* 200, *IvM* 46, 30/31;
    νιχ[ω]ντεσσι, *ibid.*, 31; -ωοι, Mag., T.H., s. III, *IvM* 44,
    23; Mag., T.H., *ca.* 200, *IvM* 41, 14; [ν]ιχωοι, Mag., T.H.,
    ca. 200, *IvM* 45, 29; -ωοιν, Mag., T.H., s. III, *IvM* 44,
    24; νι[χω]οιν, Mag., T.H., s. II, *IvM* 45, 31;

Νιχ-, -ēν, Syr., Ded., *ca.* 480, *DGE* 144.1, 4; -ης, Co., Epit.
    (I.M.), *in.* s. I, *IG* IX 1, 877, 5;

Νικια, Syr., T.V., s. III?, *SEG* XVI 540 f;

Νικοδαμος, N., *V.I.*, s. V, *SEG* XXIX 351, B 1;

Νικοκρατεα[ς], Ph., Ded.?, s. IV?, *IG* IV 466;

Νικομαχ-, -ου, Co., *V.I.*, s. II/I, *IG* IX 1, 785; *IG* IX 1, 786;
  [Ν]ικομαχ[ου], *IG* IX 1, 787; Νικομ[αχου], *IG* IX 1, 788;
  -[ωι], Co., Epit. (I.M.), *in.* s. I, *IG* IX 1, 877, 2;

Νικομηδεος, Co., *V.I.*, s. I, *IG* IX 1, 789; *IG* IX 1, 790;
  [Νικο]μηδεος, *IG* IX 1, 791;

Νικοστρατου, Co., Ded., s. II, *IG* IX 1, 708, 3; Co., *V.I.*, s. II,
  IG IX 1, 792;

Νικοτελης, Co., *V.I.*, *ca.* 500, *SEG* XXX 523, 2/3;

Νικοφανης, Sy., Decr., *ca.* 500, *SEG* XI 244, 60,

Νικων, Acr., C.Ofr., s. III/II, *IG* XIV 1, 212, I 9; II 3;
  Νικωνος, *ibid.*, I 9;

νιτρου, Co., C.C., *in.* s. III, *IG* IX 1, 691, 12;

(νομιζω), -ιζειν, Mag., T.H., s. II, *IvM* 45, 29; -ιζομενα, Mag.,
  T.H., s. III, *IvM* 44, 32; -ιζουτι[ε]σσι, Mag., T.H., *ca.*
  200, *IvM* 46, 18/19; -ιζουσιν, Mag., T.H., s. II, *IvM* 45,
  12;

νομοθετ-, νομοθ[εται], C., *V.I.*, s. II, *SEG* XXVIII 374; -ας,
  Mag., T.H., s. III, *IvM* 44, 35;

νομ-, -οις, Mag., T.H., s. II, *IvM* 45, 39; -ου, Cl., Decr., *ca.*
  575/550, *IG* IV 1607, 15; Co., D.D., s. III/II, *IG* IX 1,
  694, 16, 81, 87, 94; -ος, N., Decr., *ca.* 229, *SEG* XXIII
  178, 12; Co., D.D., s. III/II, *IG* IX 1, 694, 23; -ους,

Mag., T.H., s. III, *IvM* 44, 35; Co., D.D., s. III/II, *IG*
IX 1, 694, 138; N., Decr., *ca.* 145, *SEG* XXIII 180, 12;
-ων, Co., D.D., s. III/II, *IG* IX 1, 694, 137/138;

νομοφυλακες, Co., D.D., s. III/II, *IG* IX 1, 694, 104;

νοον, Co., C.M., s. III, *IG* IX 1, 977, 2, 5, 6, 8, 9;

νοσωι, Co., Epit. (I.M.), *in.* s. I, *IG* IX 1, 877, 8;

νουσῳ, Co., Epit. (I.M.). s. I, *IG* IX 1, 878, 5; *IG* IX 1, 879, 2;

νυγ, Acr., *V.I.*, s. II/I, *SEG* XXXI 822, C 10;

Νυμφ-, -αι, Acr., *V.I.* (I.M.), s. II/I, *SEG* XXXI 823, B 5; -αις,
Syr., Ded., s. III?, *IG* XIV 1, 4, 5; -ων, Acr., C.Ofr., s.
III/II, *IG* XIV 1, 212, I 7; -[ων], Acr., Ded., s. III?, *IG*
XIV 1, 204, 3;

Νυμφοδωρου, Syr., C.Np., s. III?, *IG* XIV 1, 8, 10; Acr., C.Np.,
s. III/II, *IG* XIV 1, 208, 2, 10; Acr., C.Ofr., s. III/II,
IG XIV 1, 212, I 3; II 3; Νυμφοδ[ωρου], Acr., Ded., s.
II?, *IG* XIV 1, 213, 5;

νω, Mag., T.H., s. III, *IvM* 44, 31; Co., Epit. (I.M.), *ca.* 227,
IG IX 1, 873, 7; Mag., T.H., *ca.* 200, *IvM* 46, 37;

Ξανθιας, Sy., Decr., *ca.* 500, *SEG* XI 244, 7;

Ξανθος, C., T.V., s. VII/VI, *DGE* 122.4; C., T.V., s. VI, *SEG* XI
198 g; C., T.V., s. V?, Krestchmer 23.9, 27; Krestchmer
24.9, 28; Ξανθ[ος], C., Ded., s. V?, *IG* IV 248;

ξεινε, Co., Epit. (I.M.), *in.* s. I, *IG* IX 1, 877, 1; [ξε]ινε,
Co., Epit. (I.M.), s. I, *IG* IX 1, 878, 1;

Ξεινοφαντου, Co., Epit. (I.M.), s. II, *IG* IX 1, 875, 3;

ξεν-, -ε, Co., Epit. (I.M.), s. I, *IG* IX 1, 879, 1;

Ξενεας, Sy., Decr., *ca.* 500, *SEG* XI 244, 21;

Ξενεια[ς], Ph., Ded.?, s. IV?, *IG* IV 467;

Ξενϝαρεος, Co., Epit. (I.M.), s. VI, *IG* IX 1, 869;

Ξενϝο͂ν, C., T.V. (Ded.), *ca.* 626, *IG* IV 348;

ξενια, Mag., T.H., *ca.* 200, *IvM* 42, 13; Mag., T.H., s. II, *IvM*
45, 45;

Ξενιαδ-, -α, C., T.V. (Ded.), *ca.* 500/475, *IG* IV 352; -ας, C.,
Ded., s. IV?, *IG* IV 361;

Ξενοχλ-, -ε[ος], Co., V.I., s. II/I, *IG* IX 1, 793; [Ξεν]οχλεος, *IG*
IX 1, 794; -ευς, C., T.V., s. III, *SEG* XI 218, A 1; -εω[ς],
Co., Ded.?, s. III?, *IG* IX 1, 839; -ε͂ς, Sy., Decr., *ca.*
500, *SEG* XI 244, 22; C., T.V., s. V?, Krestchmer 17.9, 4;
C., Ded., *ca.* 500/475, *IG* IV 353; Ξενοχλε͂[ς], C., Ded.?, s.
VII/VI, *IG* IV 315;

Ξενοχριτο[ς], Sy., Epit. s. IV, *SEG* XI 260;

Ξενοπειθε͂ς, Sy., Decr., *ca.* 500, *SEG* XI 244, 53;

Ξενοφαε͂ς, Sy., Decr., *ca.* 500, *SEG* XI 244, 29;

Ξενοφαυτου, Co., Decr., *ca.* 182/178, *IG* IX 1, 689, 12;

Ξενοφιλος, C., *N.S.*, s. III, *SEG* XI 131, 1; Cl., Ded.?, s. I, *IG*
        IV 489; Ξενοφ[ιλ]ος, Sy., Ded., s. II, *IG* IV 431, 3;

Ξενων, Acr., C.Np., s. III/II, *IG* XIV 1, 209, I 8; Ξενωνος, Acr.,
        C.Ofr., s. III/II, *IG* XIV 1, 211, I 12;

Ξοανθος, C., T.V., s. VII/VI, *DGE* 124.6;

(ο, η, το), Hα, C., T.V., s. VII, *SEG* XXV 343; α, Ph., Decr., *ca.*
600/550, *SEG* XI 275, 3, 5; C., Ded., *ex.* s. IV, *SEG* XXV
336, 2; Co., T.H. (D.P.), *ex.* s. IV, *IG* IX 1, 682, 5; Co.,
T.H., s. III, *IG* IX 1, 693, 2; Mag., T.H., s. III, *IvM* 44,
4 (2), 22 (2), 25 (2); N., Decr., *ca.* 229, *SEG* XXIII 178,
8; Co., D.D., s. III/II, *IG* IX 1, 694, 8, 10, 11, 15, 26,
31, 133; Mag., T.H., *ca.* 200, *IvM* 42, 8 (2); Le., Decr.,
in. s. II, *IG* IX 1, 534, 4; Co., Epit. (I.M.), s. II, *IG* IX
1, 875, 4; Co., Decr., 1/2 s. II, *IG* IX 1, 692, 18; Co.,
T.H., *ca.* 59, *IG* IX 1, 722, 1; αι, Mag., T.H., s. III, *IvM*
44, 17 (2); Co., D.D., s. III/II, *IG* IX 1, 694, 13, 78,
134; Ho, Sy., Decr., *ca.* 500, *SEG* XI 244, 1; Acr., Epit. s.
V, *DGE* 146.1; ο, Syr., Ded., *ca.* 480, *DGE* 144.1, 1; Syr.,
Ded., *ca.* 474, *DGE* 144.2, 1; Le., Ded., s. V?, *DGE* 143;
Mag., T.H., s. III, *IvM* 44, 18; Syr., Ded., *ca.* 250, Ditt.
I 428, 1; N., Decr., *ca.* 229, *SEG* XXIII 178, 12; Co., D.D.,
s. III/II, *IG* IX 1, 694, 23, 70, 93, 101, 102, 103, 110
(2), 113, 117; Mag., T.H., *ca.* 200, *IvM* 46, 24 (2), 33 (2);
IvM 72, 40; Mag., T.H., s. II, *IvM* 45, 8 (2), 12; Acr.,
V.I., s. II/I, *SEG* XXXI 822, C 1; Co., T.H., *ca.* 19/13, *IG*
IX 1, 723, 1 (2); οι, Co., T.H., s. III?, *IG* IX 1, 684, 5;
Syr., F.J., s. III, *IG* XIV 1, 7, I 13; Mag., T.H., s. III,
IvM 44, 38; Co., Epit. (I.M.), *ca.* 229, *IG* IX 1, 872, 4;
Co., D.D., s. III/II, *IG* IX 1, 694, 22, 27, 49, 61, 65, 66,
80, 81, 89, 90, 97, 98, 99, 100, 101, 103, 119, 122, 133,

138; Co., Ded., s. III/II, *IG* IX 1, 707, 2; Mag., T.H., *ca.*
200, *IvM* 41, 11, 15; *IvM* 46, 3; *IvM* 72, 31; Co., Ded., s.
II, *IG* IX 1, 708, 2; Co., Decr., 1/2 s. II, *IG* IX 1, 692,
11; Co., Ded., s. I, *IG* IX 1, 709, 1; τα, Co., T.H., 1/2 s.
III, *IG* IX 1, 683, 3; Syr., Ded., s. III?, *IG* XIV 1, 4, 3;
Mag., T.H., s. III, *IvM* 44, 24, 32; Co., D.D., s. III/II,
IG IX 1, 694, 17, 21, 23, 24, 34 (2), 36, 63, 81, 86, 87,
88, 91, 92, 104, 105, 117, 128 (2), 134, 139; Mag., T.H.,
ca. 200, *IvM* 41, 14; *IvM* 42, 14; *IvM* 46, 15 (2), 42; Co.,
T.H. (D.P.), *ca.* 182, *IG* IX 1, 686, 6; *IG* IX 1, 687, 8; *IG*
IX 1, 688, 7; Mag., T.H., s. II, *IvM* 45, 26, 31, 37, 45;
τ[α], Mag., T.H., *ca.* 200, *IvM* 41, 17; τα, Co., D.D., s.
III/II, *IG* IX 1, 694, 3; ταγ, Mag., T.H., s. III, *IvM* 44,
36; Mag., T.H., *ca.* 200, *IvM* 46, 18; ται, P., Ded., *ca.*
525/500, *SEG* XI 226, 1, 2; P., T.V., s. VI, *SEG* XXII 240 1;
P., Ded., S. VI/V, *SEG* XXII 234; C., Ded., s. V?, *IG* IV 266
a; P., T.V., s. V, *SEG* XXII 250, e, j; P., T.V., s. IV, *SEG*
XXII 252 c; Co., T.H., s. III, *IG* IX 1, 693, 14, 16, 17,
23; Syr., T.H., s. III?, *IG* XIV 1, 10, 5; Mag., T.H., s.
III, *IvM* 44, 6 (2), 27, 30; Sy., C.J., *ca.* 260/220, *IG* IV
428, 3, 7; N., Decr., *ca.* 229, *SEG* XXIII 178, 4 (2); Co.,
D.D., s. III/II, *IG* IX 1, 694, 6, 40, 42, 95, 141; Mag.,
T.H., *ca.* 200, *IvM* 41, 6 (3), 11, 12; *IvM* 42, 9 (2), 10,
16; *IvM* 46, 19, 23, 26, 27 (2), 28, 29 (2), 34, 39 (2); *IvM*
72, 7, 20 (2), 35; Co., T.H. (D.P.), *ca.* 182, *IG* IX 1, 685,

1; *IG* IX 1, 686, 1; *IG* IX 1, 687, 1; *IG* IX 1, 688, 1; *IG*
IX 1, 690, 2; Mag., T.H., s. II, *IvM* 45, 13, 25; [τ]αι, P.,
Ded., *in.* s. V, *SEG* XI 228, 2; ταις, Co., C.C., *in.* s. III,
IG IX 1, 691, 7; Mag., T.H., s. III, *IvM* 44, 8, 12, 15, 22;
Mag., T.H., *ca.* 200, *IvM* 46, 15, 22, 23; *IvM* 72, 21; ταμ,
Co., T.H., s. III?, *IG* IX 1, 684, 3; Mag., T.H., *ca.* 200,
IvM 46, 45; Co., Decr., 1/2 s. II, *IG* IX 1, 692, 12; Acr.,
V.I., s. II/I, *SEG* XXXI 822, A 3; ταν, CorN., Decr., *ca.*
385, *DGE* 147, 4, 11 (2), 17 (2); Co., T.H. (D.P.), *ex.* s.
IV, *IG* IX 1, 682, 10; Co., Decr.?, s. III?, *IG* IX 1, 695,
3, 5; Co., C.M., s. III, *IG* IX 1, 977, 2, 4, 6, 7, 9; Syr.,
F.J., s. III, *IG* XIV 1, 7, I 2; II 3, 4; Acr., D.D.T., s.
III, *IG* XIV 1, 217, 45 (2), 49 (2); Mag., T.H., s. III, *IvM*
44, 5, 6, 10, 11, 12, 21, 25, 31, 33, 35, 38 (2), 43; Cos,
Decr., *ca.* 242, *SEG* XII 377, 3; N., Decr., *ca.* 229, *SEG*
XXIII 178, 5, 13 (2); Co., D.D., s. III/II, *IG* IX 1, 694,
3, 16, 25, 29, 31, 41, 44, 54, 60, 66, 80, 88, 108, 121,
130, 137, 145; Mag., T.H., *ca.* 200, *IvM* 41, 4 (2), 5 (2),
7, 9, 10 (2), 17; *IvM* 42, 5 (2), 7 (3), 11, 14, 15; *IvM* 46,
7, 8, 10, 18, 21, 22, 32, 35, 40, 43; *IvM* 72, 6, 14, 19, 32
(2); Co., T.H. (D.P.), *ca.* 182, *IG* IX 1, 685, 13; *IG* IX 1,
686, 10; *IG* IX 1, 687, 11; *IG* IX 1, 688, 10; Co., Decr.,
ca. 182/178, *IG* IX 1, 689, 15; Co., Decr., 1/2 s. II, *IG* IX
1, 692, 2, 6, 8; Mag., T.H., s. II, *IvM* 45, 10 (2), 19, 20,
27, 28, 33, 43, 47; Co., Epit. (I.M.), *in.* s. I, *IG* IX 1,

877, 7, 8; τας, P., T.V., s. VI, *SEG* XXII 240 k; *SEG* XXII
241 b; C., T.V., s. VI, *SEG* XXV 345 a; C., T.V., *ca.* 500,
SEG XI 200; P., T.V., s. V, *SEG* XXII 250 d; Ac., Epit., s.
V, *DGE* 140, 3; Co., L.T., s. V, *IG* IX 1, 698, 2; CorN.,
Decr., *ca.* 385, *DGE* 147, 4, 5, 6, 7; N., C.M., *ex.* s. IV,
SEG XXX 353, 6, 7; Co., Decr.?, s. III?, *IG* IX 1, 695, 2;
Mag., T.H., s. III, *IvM* 44, 11, 12, 17, 19 (2), 21 (2), 23
(2), 27 (2), 38 (2); Cos, Decr., *ca.* 242, *SEG* XII 377, 4;
N., Decr., *ca.* 229, *SEG* XXIII 178, 9; Co., D.D., s. III/II,
IG IX 1, 694, 14, 79, 93, 119, 141, 144; Acr., D.D.T., s.
III/II, *IG* XIV 1, 217, 24; Syr., *V.I.*, *ca.* 200, *DGE* 167^g;
Mag., T.H., *ca.* 200, *IvM* 41, 17; *IvM* 46, 8, 12, 14, 19, 25,
31, 34, 36, 37; *IvM* 72, 3, 14, 37; Co., T.H. (D.P.), *ca.*
182, *IG* IX 1, 685, 2; *IG* IX 1, 686, 4; *IG* IX 1, 687, 2;
Co., Decr., *ca.* 182/178, *IG* IX 1, 690, 3, 4; Co., Decr.,
1/2 s. II, *IG* IX 1, 692, 4, 9; Mag., T.H., s. II, *IvM* 45,
4, 7, 13, 19, 21 (2), 24, 30, 32, 39 (2), 44; Acr., *V.I.*,
s. II/I, *SEG* XXXI 822, A 5; τα[ς], CorN., Decr., *ca.* 385,
DGE 147, 9, 10; [τ]ας, Co., Decr., 1/2 s. II, *IG* IX 1, 692,
12; τευ, Syr., Ded., *ca.* 480, *DGE* 144.1, 5; της, N., *V.I.*,
s. IV, *SEG* XXIII 183, 6; το, Syr., Epit., *in.* s. V, *SEG*
XXVII 661, 1; Co., T.H., 1/2 s. III, *IG* IX 1, 683, 1; Mag.,
T.H., s. III, *IvM* 44, 10, 11, 13 (2), 40, 42; N., Decr.,
ca. 229, *SEG* XXIII 178, 9; Co., D.D., s. III/II, *IG* IX 1,
694, 9, 14, 28, 34, 42, 44, 50, 56, 58, 61, 68, 70, 71, 73,

75, 79, 89, 90, 93, 97, 101, 103, 113, 115 (2), 120, 122, 136, 139, 145; Acr., D.D.T., s. III/II, *IG* XIV 1, 217, 2, 4, 22; Mag., T.H., *ca.* 200, *IvM* 41, 11; *IvM* 42, 3, 16; *IvM* 46, 4, 9 (2), 11, 24, 28 (2), 41, 46; *IvM* 72, 13; Co., T.H. (D.P.), *ca.* 182, *IG* IX 1, 685, 19; *IG* IX 1, 686, 14; *IG* IX 1, 688, 16; Co., Decr., 1/2 s. II, *IG* IX 1, 692, 5, 9, 11, 17; N., Decr., *ca.* 145, *SEG* XXIX 348, 4; Mag., T.H., s. II, *IvM* 45, 22 (2), 50; τοι, Syr., Ded., *ca.* 474, *DGE* 144.2, 2; τοιν, Ph., Decr., *ca.* 600/550, *SEG* XI 275, 2; τοις, N., *V.I.*, s. IV, *SEG* XXIII 183, 6; Co., T.H., s. III, *IG* IX 1, 693, 2; Syr., T.H., s. III?, *IG* XIV 1, 10, 4; Mag., T.H., s. III, *IvM* 44, 20, 22, 23, 24, 26, 30, 33, 34; Co., D.D., s. III/II, *IG* IX 1, 694, 24, 53, 59, 62, 74, 88, 91, 93, 111 (2), 121, 124; Mag., T.H., *ca.* 200, *IvM* 41, 16; *IvM* 42, 4, 13; *IvM* 46, 17, 30; Co., T.H. (D.P.), *ca.* 182, *IG* IX 1, 685, 15; *IG* IX 1, 687, 9; *IG* IX 1, 688, 8; N., Decr., *ca.* 145, *SEG* XXIX 348, 2; Mag., T.H., s. II, *IvM* 45, 10, 29, 31; Acr., *V.I.*, s. II/I, *SEG* XXXI 822, B 11; [το]ις, Co., C.C., *in.* s. III, *IG* IX 1, 691, 7; τομ, Co., C.C., *in.* s. III, *IG* IX 1, 691, 3, 4, 12; Co., D.D., s. III/II, *IG* IX 1, 694, 33; Mag., T.H., *ca.* 200, *IvM* 46, 26, 38; τον, C., Epit. (I.M.), *ca.* 650, *IG* IV 358, 2; N., Ded., *ca.* 525, *SEG* XXVI 419, 6; Syr., Ded., *ca.* 480, *DGE* 144.1, 4; CorN., Decr., *ca.* 385, *DGE* 147, 6; N., *R.A.*, s. IV, *IG* IV 481, 4; N., Decr., s. IV/III?, *IG* IV 480, 1; Co., C.C., *in.* s. III,

IG IX 1, 691, 9, 10; Co., T.H., s. III?, *IG* IX 1, 684, 1

(2); Co., C.M., s. III, *IG* IX 1, 977, 2, 5, 6, 8, 9; Syr.,

Ded., s. III?, *IG* XIV 1, 4, 4; Mag., T.H., s. III, *IvM* 44,

28, 29 (2), 36, 37; Co., T.H., 1/2 s. III, *IG* IX 1, 683, 8;

N., Decr., *ca.* 229, *SEG* XXIII 178, 21; Co., Epit. (I.M.),

ca. 227, *IG* IX 1, 873, 7; Co., D.D., s. III/II, *IG* IX 1,

694, 15, 27, 33, 54, 56, 57, 58, 60, 73, 75, 81, 87, 91,

94, 119, 135; Mag., T.H., *ca.* 200, *IvM* 41, 12, 13, 17; *IvM*

42, 9 (2), 15, 21; *IvM* 46, 11, 19, 22, 28, 33; *IvM* 72, 6,

27, 29, 39; Le., Decr., *in.* s. II, *IG* IX 1, 534, 3; Co.,

T.H. (D.P.), *ca.* 182, *IG* IX 1, 685, 18; *IG* IX 1, 686, 13;

IG IX 1, 688, 15; Co., Decr., *ca.* 182/178, *IG* IX 1, 690, 7,

8; Co., Decr., 1/2 s. II, *IG* IX 1, 692, 5, 16; Co., Epit.

(I.M.), s. II, *IG* IX 1, 875, 4; Mag., T.H., s. II, *IvM* 45,

24, 29, 33, 39; Co., Epit. (I.M.), *in.* s. I, *IG* IX 1, 877,

4; Co., T.H., *ca.* 59, *IG* IX 1, 722, 2; Co., T.H., *ca.*

19/13, *IG* IX 1, 723, 3; Co., Epit. (I.M.), s. I, *IG* IX 1,

878, 5; [τ]ους, N., *R.A.*, s. IV, *IG* IV 481, 2; του, N.,

Ded., *ca.* 560, *SEG* XI 290, 6; Co., Epit. (I.M.), s. VI, *IG*

IX 1, 869; N., Ded., *ca.* 500, *SEG* XXVIII 391 (2); CorN.,

Decr., *ca.* 385, *DGE* 147, 2; N., G., s. IV, *SEG* XXXII 367;

N., C.M., *ex.* s. IV, *SEG* XXX 353, 2, 4, 8, 9; Co., C.C.,

in. s. III, *IG* IX 1, 691, 2, 8; Syr., Ded.,?, s. III?, *IG*

XIV 1, 6, 1; Acr., Ded., s. III?, *IG* XIV 1, 204, 2; Mag.,

T.H., s. III, *IvM* 44, 6, 14, 18, 33, 36, 42; Co., T.H., 1/2

s. III, *IG* IX 1, 683, 10; Cos, Decr., *ca.* 242, *SEG* XII 377, 5; N., Decr., *ca.* 229, *SEG* XXIII 178, 20; Co., D.D., s. III/II, *IG* IX 1, 694, 10, 15, 20, 23, 39, 40, 61, 66, 71, 84, 87, 88, 92, 106, 121, 131, 142; Acr., C.Np., s. III/II, *IG* XIV 1, 208, 1; *IG* XIV 1, 209, 1; Acr., D.D.T., s. III/II, *IG* XIV 1, 217, 6, 8, 10, 12, 20, 29, 31, 33; Mag., T.H., *ca.* 200, *IvM* 42, 1, 3, 16; *IvM* 46, 10, 13, 16 (2); *IvM* 72, 1, 11, 12, 33; Le., Decr., *in.* s. II, *IG* IX 1, 534, 5, 6 (2), 7 (2); Co., Decr., *ca.* 182/178, *IG* IX 1, 689, 2, 6, 12; Co., Decr., 1/2 s. II, *IG* IX 1, 692, 4, 10, 17, 24; Mag., T.H., *ca.* 200, *IvM* 45, 5, 6 (2), 9 (2), 51; Syr., Decr., 1/2 s. I, *SEG* XIV 580, 3; [τ]ου, N., C.M., *ex.* s. IV, *SEG* XXX 353, 8; Le., Decr., *in.* s. II, *IG* IX 1, 534, 6; τους, Ph., Decr., *ca.* 600/550, *SEG* XI 275, 4; CorN., Decr., *ca.* 385, *DGE* 147, 3, 9; N., Decr.?, s. IV/III, *SEG* XXIX 347, 2; Mag., T.H., s. III, *IvM* 44, 14, 19, 29, 34, 35, 37; Co., D.D., s. III/II, *IG* IX 1, 694, 8, 9, 26, 31, 32, 43, 44, 45, 46, 64, 84, 133, 138; Mag., T.H., *ca.* 200, *IvM* 41, 14; *IvM* 42, 8, 11; *IvM* 46, 5, 9, 10, 12, 27 (2), 34; *IvM* 72, 34; N., Decr., *ca.* 145, *SEG* XXIX 348, 3; Mag., T.H., s. II, *IvM* 45, 23, 34, 40, 49; Acr., *V.I.*, s. II/I, *SEG* XXXI 822, B 17; [το]υς, N., Decr., *ca.* 145, *SEG* XXIII 180, 12; τωγ, Mag., T.H., s. III, *IvM* 44, 5; Co., T.H. (D.P.), *ca.* 182, *IG* IX 1, 685, 3; Acr., *V.I.*, s. II/I, *SEG* XXXI 822, C 13; τōι, C., Ded., *ca.* 600/575, *IG* IV 245 b; Syr., Ded.,

110

ca. 474, *DGE* 144.2, 3; τō⟨ι⟩, C., Ded., s. VI?, *IG* IV 238;

C., Ded., 1/2 s. V, *IG* IV 229; τῷ, Co., D.D. s. III/II, *IG*

IX 1, 694, 40; τωι, CorN., Decr., *ca.* 385, *DGE* 147, 3, 5;

Co., T.H., s. III, *IG* IX 1, 693, 5, 8, 10, 12, 18, 20, 21;

Mag., T.H., s. III, *IvM* 44, 4; Co., T.H., 1/2 s. III, *IG* IX

1, 683, 4; N., Decr., *ca.* 229, *SEG* XXIII 178, 4; Co., D.D.,

s. III/II, *IG* IX 1, 694, 4, 7, 51, 57, 58, 59, 62 (2), 92,

118, 141; Acr., D.D.T., s. III/II, *IG* XIV 1, 217, 14, 25,

27; Mag., T.H., *ca.* 200, *IvM* 41, 9; *IvM* 42, 4, 13; *IvM* 46,

23 (2), 38; Co., Decr., 1/2 s. II, *IG* IX 1, 692, 16; Mag.,

T.H., s. II, *IvM* 45, 18, 25; Acr., *V.I.*, s. II/I, *SEG* XXXI

822, A 1, B 7; Co., Epit. (I.M.), *in.* s. I, *IG* IX 1, 877,

2; τωμ, Mag., T.H., s. III, *IvM* 44, 4; Co., T.H., 1/2 s.

III, *IG* IX 1, 683, 9; N., Decr., *ca.* 229, *SEG* XXIII 178, 6,

19; Mag., T.H., *ca.* 200, *IvM* 42, 2; *IvM* 46, 18; *IvM* 72, 8;

τωυ, N., C.M., *ex.* s. IV, *SEG* XXX 353, 3, 5; Co., C.M., s.

III, *IG* IX 1, 977, 3, 4; Co., Decr., s. III?, *IG* IX 1, 978,

2; Syr., F.J., s. III, *IG* XIV 1, 7, II 2, 3; Mag., T.H., s.

III, *IvM* 44, 13, 14 (2), 15 (2), 19, 22, 23, 25; Co.,

Decr., 1/2 s. III, *IG* IX 1, 692, 2; Syr., Ded., *ca.* 250,

Ditt. I 428, 1; Cos, Decr., *ca.* 242, *SEG* XII 377, 3; N.,

Decr., *ca.* 229, *SEG* XXIII 178, 7, 10 (2), 11, 12, 19; Co.,

D.D., s. III/II, *IG* IX 1, 694, 3 (2), 6 (2), 16, 20, 29,

32, 35, 36, 37, 41, 67, 80, 85, 100, 108, 126 (2), 129,

130, 135, 137 (2); Mag., T.H., *ca.* 200, *IvM* 41, 2, 15; *IvM*

42, 2, 7, 8; *IvM* 46, 3, 4, 9, 10, 11, 13 (4), 14, 24, 25,

36, 37; *IvM* 72, 15, 26, 27, 39; Co., T.H. (D.P.), *ca.* 182,

IG IX 1, 683, 4; *IG* IX 1, 687, 2; Mag., T.H., s. II, *IvM*

45, 4 (2), 11, 12, 17, 22, 26, 27, 29, 30, 46;

οβελισκου, Co., Decr., 1/2 s. II, *IG* IX 1, 692, 14;

ογδοηκοντα, Co., D.D., s. III/II, *IG* IX 1, 694, 13 (2), 15, 77,

78, 79;

ογδοου, N., Decr., *ca.* 229, *SEG* XXIII 178, 14;

ογδωκον[τετης], Co., Epit. (I.M.), s. II, *IG* IX 1, 875, 2;

...ογειτουιδας, C., Ded., 1/2 s. V, *IG* IV 239;

(οδε, ηδε, τοδε), ηδ΄, Sy., Epit. (I.M.), s. IV, *SEG* XV 195, 4;

οδε, Co., Epit. (I.M.), s. III, *IG* IX 1, 874, 8; ταδε,

CorN., Decr., *ca.* 385, *DGE* 147, 2; C., Ded., *ca.* 340, *SEG*

XXVIII 380, 6; Co., T.H. (D.P.), s. III, *IG* IX 1, 693, 2;

ταιδ΄, Co., Epit. (I.M.), *ca.* 229, *IG* IX 1, 871, 4; Co.,

Epit. (I.M.), *ca.* 227, *IG* IX 1, 873, 3; ταιδε, Co., Epit.

(I.M.), s. II, *IG* IX 1, 875, 3; τουδε, N., *R.A.*, s. IV, *IG*

IV 481, 6; τασδε, Acr., *V.I.*, s. II/I, *SEG* XXXI 822, 5;

τοδ΄, Co., Epit. (I.M.), *in.* s. I, *IG* IX 1, 877, 1; τοδε,

C., Epit. (I.M.), *ca.* 650, *IG* IV 358, 1; Co., Epit. (I.M.),

in. s. VI, *IG* IX 1, 867, 1, 2, 6; *IG* IX 1, 868, 1; O.,

Epit., s. VI/V, *IG* IV 414; P., Epit., s. V, *SEG* XI 242;

Ac., Epit., s. V, *DGE* 140, 1; [τ]οδε, P., Epit., s. VI, *SEG*

XI 243; τουδ΄, Co., Epit. (I.M.), *in.* s. VI, *IG* IX 1, 868,

1; Co., Epit. (I.M.), *ca.* 227, *IG* IX 1, 873, 1;

[ο]διτα, Co., Epit. (I.M.), in. s. I, *IG* IX 1, 876, 1;

οδοιο, Ac., Epit. s. V, *DGE* 140, 2;

οθεν, N., Decr., *ca.* 145, *SEG* XXIII 180, 16;

Οιανθεος, Co., Epit. (I.M.), in. s. VI, *IG* IX 1, 867, 2;

οικειοτατ-, -α, Mag., T.H., s. III, *IvM* 44, 12; Mag., T.H., *ca.*
    200, *IvM* 41, 4; *IvM* 42, 5; Mag., T.H., s. II, *IvM* 45, 20;
    -ος, Mag., T.H., s. III, *IvM* 44, 5;

οικει-, -ους, Mag., T.H., *ca.* 200, *IvM* 46, 21; -ων, *ibid.*, 25;

οικι-, -α, I., Cat., s. IV/III, *SEG* XXIX 338, 6; -αν, Co., T.H.,
    s. III, *IG* IX 1, 693, 16, 22; -ας, Co., T.H. (D.P.), *ex.*
    s. IV, *IG* IX 1, 682, 9; Co., T.H. (D.P.), *ca.* 182, *IG* IX
    1, 685, 8; *IG* IX 1, 687, 7; *IG* IX 1, 688, 6; Co., Decr.,
    1/2 s. II, *IG* IX 1, 692. 9;

[οικισ]ταν, CorN., Decr., *ca.* 385, *DGE* 147, 1/2;

(οικοδομεω), -ησας, Syr., T.H., s. III, *IG* XIV 1, 10, 2/3;

οικ-, -οι, N., *V.I.*, s. IV, *SEG* XXIII 183, 3; -ῳ, Acr., D.D.T.,
    s. III/II, *IG* XIV 1, 217, 25;

οικοπ[εδον], CorN., Decr., *ca.* 385, *DGE* 147, 4;

Οινεια, C., Ded., s. V, *SEG* XXV 339;

οινοχοος, Co., C.Np., *ex.* s. IV, *IG* IX 1, 976, 10;

(οιομαι), ωιουτο, Mag., T.H., s. III, *IvM* 44, 15;

Ολι(σ)σευς, C., T.V., s. VII/VI, *DGE* 122.10;

(ολλυμι), ολεσε, C., Epit. (I.M.), *ca.* 650, *IG* IV 358; ōλεσεν,
    Co., Epit. (I.M.), in. s. VI, *IG* IX 1, 868, 1; ōλετο, Co.,
    Epit. (I.M.), in. s. VI, *IG* IX 1, 867, 4;

Ολολουγους, C., Ded.?. s. IV/III, *SEG* XXV 342 c;

ολου, N., C.M., *ex.* s. IV, *SEG* XXX 353, 9;

ολπα, C., T.V. (Ded.), *ca.* 580/575, *SEG* XIV 303 b;

Ολυμπιαδα[ς], N., Ded., s. IV/III, *IG* IV 487, 4;

Ολυμπι-, -ου, Syr., F.J., s. III, *IG* XIV 1, 7, II 4; -ου, Ol.,
　　　　Ded., *ca.* 500/475, Jeffery, *Plate* 23.21; Syr., Ded., s.
　　　　III?, *IG* XIV 1, 3, 5;

Ολυμπιχου, P., T.V., s. V, *SEG* XXII 251 d;

ομοιως, Mag., T.H., s. III, *IvM* 44, 33;

ομολογια, N., Decr., *ca.* 229, *SEG* XXIII 178, 8;

ομολογου, Co., Decr., *ca.* 182/178, *IG* IX 1, 690, 3;

ομνυω, Syr., F.J., s. III, *IG* XIV 1, 7, II 3;

Ομ(φ)ιχος, C., T.V., s. V?, Krestchmer 23.26, B 3;

ονομ΄, Co., Epit., (I.M.), *in.* s. I, *IG* IX 1, 877, 6; [ονο]ματα,
　　　　N., Decr., *ca.* 229, *SEG* XXIII 178, 5/6;

Ονυμαντιου, I., V.I., s. III/II?, *SEG* XXII 210;

Ονυμōν, C., Ded.?, s. VII/VI, *IG* IV 316;

...οξενος, Co., Ded., s. III/II, *IG* IX 1, 707, 1;

οπει, Co., T.H. (D.P.), *ca.* 182, *IG* IX 1, 685, 15/16; *IG* IX 1,
　　　　688, 12; οπ[ε]ι, Co., D.D., s. III/II, *IG* IX 1, 694, 143;
　　　　[οπ]ει, CorN., Decr., *ca.* 385, *DGE* 147, 7/8;

οπισω, Acr., D.D.T., s. III/II, *IG* XIV 1, 217, 10, 12;

οποτερου, Co., D.D., s. III/II, *IG* IX 1, 694, 75/76;

οπως, Mag., T.H., s. III, *IvM* 44, 28; Co., Decr., 1/2 s. II, *IG* IX
　　　　1, 692, 14;

⸤ὁράω), ορης, Co., Epit. (I.M.), *in.* s. I, *IG* IX 1, 877, 1;

ορβος, Co., L.T., *in.* s. IV?, *IG* IX 1, 700, 1;

Ορεσταδας, I., G., s. IV/III, *SEG* XVII 134;

ορϜ-, -⸤ος⸥, C., L.T., s. V/IV, *SEG* XXV 333; -ος, Co., L.T., s. V, *IG* IX 1, 698, 1; ορ⸤Ϝος⸥, C., L.T., s. V/IV, *SEG* XXV 334;

Ορθο..., C., Ded., s. V?, *IG* IV 264;

ορθου, Co., Decr., 1/2 s. II, *IG* IX 1, 692, 14;

⸤ορθοω), ωρθωσεν, Acr., *V.I.*, s. II/I, *SEG* XXXI 822, B 12;

Ορθων, Acr., C.Np., s. III/II, *IG* XIV 1, 210, 11;

ορθως, Co., D.D., s. III/II, *IG* IX 1, 694, 103;

Οριϝου, C., T.V., s. VII/VI, *DGE* 122.6;

⸤οριζω), -ιζειν, Co., Decr., *ca.* 182/178, *IG* IX 1, 690, 4;

ορ-, -ε̄, Sy., Decr., *ca.* 500, *SEG* XI 244, 1; -ος, Co., L.T., s. IV?, *IG* IX 1, 701, 1; Acr., *V.I.* (I.M.), s. II/I, *SEG* XXXI 823, B 4; -ους, Co., Decr., *ca.* 182/178, *IG* IX 1, 689, 16;

Ηορχι-, -α, Ph., Decr., *ca.* 600/550, *SEG* XI 275, 2; -ου, Syr., F.J., s. III, *IG* XIV 1, 7, II 1;

ορχ-, -ου, Ph., Decr., *ca.* 600/550, *SEG* XI 275, 5; -ους, *ibid.*, 4, 6;

Οροιας, P., Ded., s. VII/VI, *SEG* XI 225, 1;

ορφανιαι, Co., Epit. (I.M.), s. III, *IG* IX 1, 874, 6;

⸤ος, η, ο), α, Co., D.D., s. III/II, *IG* IX 1, 694, 117; Mag., T.H., *ca.* 200, *IvM* 42, 13; Mag., T.H., s. II, *IvM* 45, 37; αι, Mag., T.H., *ca.* 200, *IvM* 46, 35; αν, Mag., T.H., *ca.* 200, *IvM* 41, 10; *IvM* 46, 11; ας, Mag., T.H., s. III, *IvM*

44, 23; Mag., T.H., s. II, *IvM* 45, 31; Co., Epit. (I.M.),
in. s. I, *IG* IX 1, 877, 6; η, Sy., Epit. (I.M.), s. IV, *SEG*
XV 195, 3; ης, Co., Epit. (I.M.), *in*. s. I, *IG* IX 1, 877,
6; ο, Mag., T.H., *ca*. 200, *IvM* 42, 16; οις, Mag., T.H., *ca*.
200, *IvM* 46, 15; οισι, Co., Epit. (I.M.), s. I, *IG* IX 1,
878, 7; ου, Mag., T.H., s. III, *IvM* 44, 22; Mag., T.H., *ca*.
200, *IvM* 46, 29; *IvM* 72, 20; Co., Epit. (I.M.), s. I, *IG* IX
1, 878, 2; Ηος, Ac., Epit., s. V, *DGE* 140, 3; ου, Co.,
D.D., s. III/II, *IG* IX 1, 694, 17, 40, 84, 134; ους, Co.,
D.D., s. III/II, *IG* IX 1, 694, 89; Mag., T.H., *ca*. 200, *IvM*
42, 8; ωι, Co., Epit. (I.M.), *ca*. 227, *IG* IX 1, 873, 5;
Mag., T.H., s. II, *IvM* 45, 8; Co., Epit. (I.M.), s. I, *IG*
IX 1, 878, 3; ων, Le., Decr., *in*. s. II, *IG* IX 1, 534, 2;

οσ-, -α, Co., T.H., s. III, *IG* IX 1, 693, 3; Co., D.D., s. III/II,
IG IX 1, 694, 120, 133; Mag., T.H., *ca*. 200, *IvM* 41, 14;
IvM 46, 31; Co., T.H. (D.P.), *ca*. 182, *IG* IX 1, 685, 9/10;
IG IX 1, 686, 7; *IG* IX 1, 687, 8; *IG* IX 1, 688, 8; -ον,
Mag., T.H., *ca*. 200, *IvM* 72, 38;

οσιου, Co., L.T., *in*. s. IV?, *IG* IX 1, 700, 2;

οστεα, Co., Epit. (I.M.), *ca*. 229, *IG* IX 1, 871, 4;

οστις, C., I.M., s. IV, *SEG* XI 152, 1;

οτε, Sy., Epit. (I.M.), s. IV, *SEG* XV 195, 3;

οτι, Ph., Decr., *ca*. 600/550, *SEG* XI 275, 5; Mag., T.H., *ca*. 200,
IvM 46, 24; Co., Decr., *ca*. 182/178, *IG* IX 1, 690, 6; Mag.,
T.H., s. II, *IvM* 45, 9, 12;

(ου, pronombre personal), Fοι, C., T.V. (Ded.), *ca.* 580/575, *SEG*
XIV 303 b;

ουασι[ν], Co., Epit. (I.M.), s. I, *IG* IX 1, 879, 6;

ουνεχεν, Co., Epit. (I.M.), *ca.* 229, *IG* IX 1, 871, 3;

ουνομα, Co., Epit. (I.M.), s. I, *IG* IX 1, 879, 1;

(ουτος), αυτα, Co., D.D., s. III/II, *IG* IX 1, 694, 60; Co., Decr.,
1/2 s. II, *IG* IX 1, 692, 18; α[υ]τα, Mag., T.H., *ca.* 200,
IvM 41, 19; ουτος, Acr., *V.I.*, s. II/I *SEG* XXXI 822, C 1;
ταυτα, Mag., T.H., s. III, *IvM* 44, 26; N., Decr., *ca.* 145,
SEG XXIII 180, 8; τουτο, P., Ded., s. VII/VI, *SEG* XI 225,
1; Co., Epit. (I.M.), s. I, *IG* IX 1, 879, 1; [τ]ου[τ]οις,
Ph., Decr., *ca.* 600/550, *IG* IV 439 a; τουτων, Mag., T.H.,
s. III, *IvM* 44, 34; Co., D.D., s. III/II, *IG* IX 1, 694,
113; τουτō̄νδε, Sy., Decr., *ca.* 500, *SEG* XI 244, 1;

ουχ, Co., Epit. (I.M.), s. I, *IG* IX 1, 879, 5,

(οφειλω), οφειλει, Co., *V.I.*, *ca.* 525/500, *SEG* XXIII 392, 3;
οφ[ε]ιλει, *SEG* XXIII 393, 3; [οφειλ]ει, Co., *V.I.*, *ca.* 500,
SEG XXX 523, 3; [ο]φειλει, *SEG* XXX 524, 3; [οφ]ειλει, *SEG*
XXX 526, 3;

Οφελανδρος, C., T.V., s. V?, Krestchmer 23.9, 26, B 4;

Οφελλιε, Co., Epit., s. I, *IG* IX 1, 941, 1;

οφθαλμων, N., C.M., *ex.* s. IV, *SEG* XXX 353, 3/4;

οφ-, -ιν, Co., C.C., *in.* s. III, *IG* IX 1, 691, 9, 10; -ιος, *ibid.*,
8;

παγχρατιου, Sy., C.J., *ca.* 260/220, *IG* IV 428, 3, 4 (2), 5, 6, 7,
  9, 11 (2); παγχρατι[ου], *ibid.*, 11;

παι, Co., D.D., s. III/II, *IG* IX 1, 694, 128;

Παιανος, C., Ded.?, s. IV/III, *SEG* XXV 342 b;

παιδειας, Co., Epit. (I.M.), *ca.* 227, *IG* IX 1, 873, 5;

(παις), παιδ´, Co., Epit. (I.M.), *ca.* 227, *IG* IX 1, 873, 8; -ας,
  Sy., C.J., *ca.* 260/220, *IG* IV 428, 2; -ες, C., Ded., s.
  IV?, *IG* IV 359, 3; -εσι, Acr., *V.I.*, F.D., Coll. 5257;
  -εσσι, Acr., *V.I.*, F.D., Coll. 5256, 1; Coll. 5258, 4; -ος,
  Co., Epit. (I.M.), *ca.* 229, *IG* IX 1, 873, 2; -ων, Acr.,
  V.I., s. II/I, *SEG* XXXI 822, A 3; παις, Co., Epit. (I.M.),
  s .II, *IG* IX 1, 875, 2, 5; παισι, Co., *V.I.*, *ca.* 500, *SEG*
  XXX 523, 1;

Παλαμεδες, C., T.V., s. VII/VI, *DGE* 122.6;

παλαυ, Sy., C.J., *ca.* 260/220, *IG* IV 428, 2, 8, 10,

Παμφυλοι, CorN., Decr., *ca.* 385, *DGE* 147, 18;

παναγυριν, Mag., T.H., s. III, *IvM* 44, 7; Mag., T.H., *ca.* 200, *IvM*
  46, 20; *IvM* 41, 7; Mag., T.H., s. II, *IvM* 45, 15;
  πα[ναγυ]ριν, Mag., T.H., *ca.* 200, *IvM* 41, 10;

Παναθηναια, Sy., C.J., *ca.* 260/220, *IG* IV 428, 5;

Παναμος, Cos, Decr., *ca.* 385, *SEG* XII 377, 2;

πανδοχια, Syr., Epit., s. II/I, *DGE* 145, 3;

Πανησ[ια], Co., *V.I.*, s. II, *IG* IX 1, 795;

Πανχιος, Co., Epit., s. III?, *IG* IX 1, 893, 1;

παυκρατιου, N., Ded., *ca.* 560, *SEG* XI 290, 3/4;

παυολβα, Acr., *V.I.* (I.M.), s. II/I, *SEG* XXXI 823, A 2;

Πανταινετος, Mag., T.H., *ca.* 200, *IvM* 42, 17;

[Παντα]λεοντα, C., T.H. (D.P.), *ex.* s. III, *SEG* XXV 325, 7;

Παντα[χ]αριδα, I., Epit., s. IV?, *IG* IV 200;

Παντιππος, C., T.V., s. VII/VI, *DGE* 122.1;

Πανφυλα[υ], N., Ded., s. IV/III?, *IG* IV 488, 3;

⟨παρα⟩, παρ´, Mag., T.H., s. III, *IvM* 44, 20; Co., D.D., s.
    III/II, *IG* IX 1, 694, 17, 84; Mag., T.H., *ca.* 200, *IvM* 72,
    41; Acr., *V.I.*, s. II/I, *SEG* XXXI 822, C 7; C., T.V., F.D.,
    SEG XIV 306 e; παρ, CorN., Decr., *ca.* 385, *DGE* 147, 12;
    παρα, Co., Epit. (I.M.), *in.* s. VI, *IG* IX 1, 868, 2; Mag.,
    s. III, *IvM* 44, 1, 11, 15, 23, 41; N., Decr., *ca.* 229, *SEG*
    XXIII 178, 18, 19; Co., D.D., s. III/II, *IG* IX 1, 694, 42,
    50; Mag., T.H., *ca.* 200, *IvM* 41, 2; *IvM* 42, 1; *IvM* 46, 1;
    IvM 72, 11; Mag., T.H., s. II, *IvM* 45, 1, 4, 7, 8, 27, 32;
    Co., Epit. (I.M.), s. I, *IG* IX 1, 878, 3; [π]αρα, Co., T.H.
    (D.P.), *ca.* 182, *IG* IX 1, 687, 11;

⟨παραγιγνομαι⟩, π[αραγ]εγονοτω[υ], *ibid.*, 19; παρ[αγεγονο]τω[υ],
    ibid., 18; -γενηται, N., Decr., *ca.* 229, *SEG* XXIII 178, 7,
    15; -γενοιντο, Co., D.D., s. III/II, *IG* IX 1, 694, 27;
    -γενομενου, Mag., T.H., *ca.* 200, *IvM* 42, 1; -γενομενων,
    Co., D.D., s. III/II, *IG* IX 1, 694, 32; Mag., T.H., *ca.*
    200, *IvM* 41, 2; Mag., T.H., s. II, *IvM* 45, 3; -γεν[ω]νται,

Co., D.D., s. III/II, *IG* IX 1, 694, 133; παρ[αγιν]ομενας,

Mag., T.H., s. III, *IvM* 44, 41; -γινομενοις, *ibid.*, 34;

-γιν[ω]νται, Co., D.D., s. III/II, *IG* IX 1, 694, 90;

⟨παραδεχομαι⟩, -εξαμενους, Mag., T.H., s. III, *IvM* 44, 16/17;

-εξασθαι, *ibid.*, 20; [παραδε]ξουμε[νον], *ibid.*, 41;

⟨παραδιδωμι⟩, -δοι[ε]ν, Co., D.D., s. III/II, *IG* IX 1, 694, 74;

-δουτες, *ibid.*, 99; -δουτω, *ibid.*, 59, 70, 92, 122;

-δ[ω]ντι, *ibid.*, 76, 99/100;

⟨παρακαλεω⟩, -χαλει, Mag., T.H., *ca.* 200, *IvM* 42, 12;

-χαλεουτω[ν], *IvM* 72, 19; -χαλουντος, *IvM* 42, 6;

-χαλουν[τ]ων, Mag., T.H., s. II, *IvM* 45, 23; -χαλουσιν,

Mag., T.H., s. III, *IvM* 44, 26; -εχαλουν, Mag., T.H., s.

III, *IvM* 44, 16; Mag., T.H., *ca.* 200, *IvM* 46, 21;

⟨παραλαμβανω⟩, -λαβ[ηι], Co., D.D., s. III/II, *IG* IX 1, 694,

95/96; -λαβουτες, *ibid.*, 49, 61, 98; -λαβων, *ibid.*, 93/94;

-λαβ[ω]ντι, *ibid.*, 70, 99;

⟨παραναγιγνωσκω⟩, -εγνωσαν, Mag., T.H., *ca.* 200, *IvM* 46, 14;

⟨παρασκευαζω⟩, -εσχευ[ασμενων], Syr., F.J., s. III, *IG* XIV 1, 7, I

5/6;

παραυτ[ικα], N., *V.I.*, s. III, *SEG* XXIII 184, 5/6;

⟨παρειμι⟩, -εσομ[ε]ν[ων], N., Decr., *ca.* 229, *SEG* XXIII 178, 6;

-ουσι, Mag., T.H., s. III, *IvM* 44, 31;

⟨παρερχομαι⟩, -ελθουτος, Co., D.D., s. III/II, *IG* IX 1, 694, 14,

78;

παρευρεσει, Co., D.D., s. III/II, *IG* IX 1, 694, 109;

Παρι⟨ς⟩, P., T.V., *ex.* s. VII, *SEG* XXII 242 h;

Παρμενισχ-, -ε, Co., Epit., s. II?, *IG* IX 1, 922; Παρμενισ[χ]ος, Co., Epit., s. II?, *IG* IX 1, 923;

Παρμεν[ω]ν, Co., Epit., s. II?, *IG* IX 1, 924;

παροδιτα, Co., Epit. (I.M.), *ca.* 227, *IG* IX 1, 873, 7;

⟨πας⟩, παν, Co., D.D., s. III/II, *IG* IX 1, 694, 28, 62; παντα, Co., D.D., s. III/II, *IG* IX 1, 694, 22, 36, 63, 81, 86, 94, 139; Le., Decr., *in.* s. II, *IG* IX 1, 534, 3, 5; παντων, Mag., T.H., s. III, *IvM* 44, 34; Co., D.D., s. III/II, *IG* IX 1, 694, 113; πασαν, Co., T.H., 1/2 s. III, *IG* IX 1, 683, 10; Syr., F.J., s. III, *IG* IX 1, 7, I 3; πασας, Mag., T.H., *ca.* 200, *IvM* 46,· 7/8; πασι, I., Epit. (I.M.), s. VI, *SEG* XVIII 141, 1; Syr., Ded., s. III?, *IG* XIV 1, 2, 3;

Πασεδας, Sy., Epit.?, *ex.* s. VI, *SEG* XXIV 271, 1;

⟨πασχω⟩, παθωντι, Le., Decr., *in.* s. II, *IG* IX 1, 534, 2; πασχη, Co., Decr.?, s. III?, *IG* IX 1, 695, 3;

⟨πατηρ⟩, πατερες, Syr., F.J., s. III, *IG* XIV 1, 7, I 13; πατρα, Co., Epit. (I.M.), *ca.* 229, *IG* IX 1, 871, 1; πατρος, Co., Epit. (I.M.), s. I, *IG* IX 1, 878, 1;

πατριον, Mag., T.H., s. III, *IvM* 44, 26; Mag., T.H., *ca.* 200, *IvM* 46, 25;

⟨πατρις⟩, -ιδα, Mag., T.H., s. III, *IvM* 44, 38; -ιδος, Co., Epit. (I.M.), *in.* s. VI, *IG* IX 1, 867, 5; πατρι[δος], Mag.,

T.H., *ca.* 200, *IvM* 46, 34/35; πατρις, Co., Epit. (I.M.), s.
I, *IG* IX 1, 879, 7;

Πατροχλεος, Cr., Ded.?, s. VI/V, *SEG* XI 49;

Πατροχλος, C., T.V., s. VII/VI, *DGE* 122.6;

πατροφιστι, N., Decr., *ca.* 229, *SEG* XXIII 178, 6;

πατρωισταυ, Co., V.I., *ca.* 200, *DGE* 137, 2;

πατρωυα, Co., T.H., *ca.* 59, *IG* IX 1, 722, 3; Co., T.H., *ca.* 19/13,
IG IX 1, 723, 3;

Παυσαυι-, -α, Acr., C.Np., s. III/II, *IG* XIV 1, 208, 6; Acr.,
C.Ofr., s. III/II, *IG* XIV 1, 212, II 8; Π[α]υσαυια, Acr.,
D.D.T., s. III/II, *IG* XIV 1, 217, 21; -αυ, Co., T.H.
(D.P.), *ca.* 182, *IG* IX 1, 686, 2, 16; -ας, Acr., C.Np., s.
III/II, *IG* XIV 1, 209, II 6;

[παυ]σιδιψος, P., T.V., s. IV/III, *SEG* XI 238;

πεδα..., Co., C.C., *in.* s. III, *IG* IX 1, 691, 6;

Πεδαχριτος, N., Ded., s. IV/III, *IG* IV 487, 3;

(πεδειμι), -ειμ[εν], Acr., Decr., *ca.* 483/482, *SEG* XII 407, 4/5;

πεδιωι, Co., T.H., s. III, *IG* IX 1, 693, 5, 8, 10, 18, 20, 21;

πεζ-, -ους, N., C.S., *ca.* 312/311, *SEG* XXV 357, 3; -ου[ς], *ibid.*,
4;

Πειθιας, Co., Epit., s. III?, *IG* IX 1, 891;

(πειθω), πε[ι]θεσ[θαι], N., Decr., *ca.* 229, *SEG* XXIII 178, 21;

Πειθō̄υ, Sy., Decr., *ca.* 500, *SEG* XI 244, 4;

Πειραεοθευ, C., T.V., s. VII/VI, *IG* IV 329;

Πεισιων, Sy., Ded., s. III, *SEG* XI 272;

πελεθρ-, -α, CorN., Decr., *ca.* 385, *DGE* 147, 7, 10; Co., T.H., s.
    III, *IG* IX 1, 693, 5; -ου, Syr., T.H., s. III?, *IG* XIV 1,
    10, 3;

Πελοπ[οννησου], N., Decr.?, s. IV/III, *SEG* XXIX 347, 3;

πεμπτ-, -α(ι), Mag., T.H., s. III, *IvM* 44, 2; πεμπτα[ι], Mag.,
    T.H., *ca.* 200, *IvM* 72, 5; -ας, Co., V.I., *ca.* 525/500,
    SEG XXIII 393, 1/2; Co., V.I., *ca.* 500, *SEG* XXX 523, 1/2;

πε[νθος], Co., Epit. (I.M.), s. III, *IG* IX 1, 874, 3;

πενταϜεθλεον, I., Ded., 1/2 s. VI, *SEG* XVIII 140 a;

πενταετηριδος, Mag., T.H., s. III, *IvM* 44, 7; π[ε]ντα[ε]τηριδος,
    ibid., 19;

πενταχισχιλι[ους], N., C.S., *ca.* 312/311, *SEG* XXV 357, 2;

πεντε, Co., D.D., s. III/II, *IG* IX 1, 694, 47, 52; Mag., T.H., s.
    II, *IvM* 45, 14;

πεντηχοντα, Mag., T.H., s. III, *IvM* 44, 32/33; Co., D.D., s.
    III/II, *IG* IX 1, 694, 19, 25, 85, 88/89, 91, 134;

Πεντιας, Sy., Decr., *ca.* 500, *SEG* XI 244, 5;

περι, Ac., Epit., s. V, *DGE* 140, 3; Mag., T.H., s. III, *IvM* 44,
    34; N., Decr., *ca.* 229, *SEG* XXIII 178, 12; Co., Epit.
    (I.M.), *ca.* 229, *IG* IX 1, 871, 1; Co., Epit. (I.M.), *ca.*
    227, *IG* IX 1, 873, 1; Co., D.D., s. III/II, *IG* IX 1, 694,
    40, 71, 106; Co., Decr., *ca.* 182/178, *IG* IX 1, 690, 1, 2;
    Co., Decr., *ca.* 182/178, *IG* IX 1, 692, 8; N., Decr., *ca.*

145, *SEG* XXIII 180, 6; Mag., T.H., s. II, *IvM* 45, 17/18;

(περιαγεομαι), -αγησα[μεμνω], Co., Decr., *ca.* 182/178, *IG* IX 1,
689, 15/16;

περιαγησιν, N., Decr., *ca.* 145, *SEG* XXII 178, 5;

[περι]βολα, Co., Decr., *ca.* 182/178, *IG* IX 1, 690, 5;

(περιειμι), [περι]οντα, Le., Decr., *in.* s. II, *IG* IX 1, 534, 5;

(περιιχω), -ιχη, Mag., T.H., s. III, *IvM* 44, 18/19;

Περιχλυμενος, C., T.V., s. VII/VI, *DGE* 122.5;

[Π]ερι(λ)λος, C., Ded., s. VII/VI, *IG* IV 237, A 2; Περιλλος, Sy.,
Decr., *ca.* 500, *SEG* XI 244, 36;

περιοδου, Co., D.D., s. III/II, *IG* IX 1, 694, 31;

Περραιβ-, -οι, Co., Decr., *ca.* 182/178, *IG* IX 1, 689, 7; -ων, Co.,
Decr., *ca.* 182/178, *IG* IX 1, 689, 5;

Περσευς, C., T.V., *ca.* 500, *SEG* XXXIII 271;

Πεταλα, C., T.V., s. VII/VI, *DGE* 121.5;

πετρος, Co., Epit. (I.M.), s. I, *IG* IX 1, 878, 3;

(πευθομαι), -θεσθαι, Co., Epit. (I.M.), s. I, *IG* IX 1, 879, 2;

Πελευς, C., T.V., s. VII/VI, *DGE* 122.8;

πιχρος, Co., Epit. (I.M.), s. III, *IG* IX 1, 874, 8;

(πιμπλημι), πλησαμενος, Co., Epit. (I.M.), s. I, *IG* IX 1, 878, 6;

πινακιδων, Mag., T.H., *ca.* 200, *IvM* 41, 17;

(πινω), πιε, C., T.V., s. VI, *SEG* XVI 237 a;

Πισατις, Co., Epit. (I.M.), s. II, *IG* IX 1, 875, 4;

...πισθυι..., Sy., Epit., *ca.* 500/475, *SEG* XI 259;

πιστοι, Co., Epit. (I.M.), *ca.* 229, *IG* IX 1, 872, 1;

Πιστος, Co., Epit., s. II?, *IG* IX 1, 925;

Πιτ[ϑ]υλε, Co., Epit., s. II?, *IG* IX 1, 938, 1;

⟨πλαζω⟩, -αζομενομ, Acr., *V.I.*, s. II/I, *SEG* XXXI 822, B 4;

πλεϑρα, Co., T.H., s. III, *IG* IX 1, 693, 9, 11, 17;

πλειοναχις, Co., D.D., s. III/II, *IG* IX 1, 694, 45/46;

πλειονος, Co., D.D., s. III/II, *IG* IX 1, 694, 53;

Πλειστιας, Sy., Decr., *ca.* 500, *SEG* XI 244, 34;

πληϑει, Co., T.H., 1/2 s. III, *IG* IX 1, 683, 4;

πλοια, Co., T.H., 1/2 s. III, *IG* IX 1, 683, 3;

πλοια[ριων], Co., T.H., 1/2 s. III, *IG* IX 1, 683, 2;

πλουταφορο···, Acr., *V.I.*, s. II/I, *SEG* XXXI 822, B 20;

πλωνιοις, Acr., D.D.T., s. III/II, *IG* XIV 1, 217, 35;

πνευμα, Co., Epit. (I.M.), *ca.* 227, *IG* IX 1, 873, 4;

Ποδαλιριος, C., T.V., s. IV, *SEG* XI 206;

Ποδαργος, C., T.V., s. VII/VI, *DGE* 122.6;

ποϑοδον, Co., D.D., s. III/II, *IG* IX 1, 694, 39;

⟨ποιεω⟩, εποησε, C., *N.S.*, s. V, *SEG* XI 201; εποιε, Delfos, Ded.,
        ca. 250, Ditt. I 18, 2; εποιει, Co., Epit. (I.M.), in. s.
        VI, *IG* IX 1, 867, 2; εποιϜε̄σε, N., Ded., *ca.* 525, *SEG* XXVI
        419, 1; εποιϜε̄σαν, Ph., *N.S.*, *ca.* 500, *SEG* XXVI 415;
        εποιησαν, Sy., Ded., s. I, *IG* IV 430, 3; Cl., Ded.?, s. I,
        IG IV 489; εποιησα[ν], C., *N.S.*, s. III, *SEG* XI 131, 2;
        εποιησαν[το], Mag., T.H., *ca.* 200, *IvM* 46, 35; εποιε̄σε,

Sy., Ded., *ca.* 575/550, *IG* IV 424 a; Syr., Ded., *in.* s. V,
IG XIV 1, 1; εποιε̄σεν, C., *N.S.*, s. V, *SEG* XI 203, a ,b;
εποιου)ν, C., T.V., s. IV?, *SEG* XI 205; ποει, Co., T.H.
(D.P.), *ex.* s. IV, *IG* IX 1, 682, 5; ποη[σεσθαι], CorN.,
Decr., *ca.* 385, *DGE* 147, 11; ποιειν, Mag., T.H., s. III,
IvM 44, 5; ποι[ει]τω, Co., D.D., s. III/II, *IG* IX 1, 694,
94; ποιησαι, Le., Decr., *in.* s. II, *IG* IX 1, 534, 4;
ποιησαιεν, Co., D.D., s. III/II, *IG* IX 1, 694, 67, 100;
ποιησαμενω), *ibid.*, 39; ποιησασθαι, Co., D.D., s. III/II,
IG IX 1, 694, 145; ποιησω)νται, Mag., T.H., s. III, *IvM* 44,
33; ποιου)ντες, *ibid.*, 63/64; ποιου)ντω, *ibid.*, 22, 65/66,
81;

ποιηταν, Mag., T.H., s. III, *IvM* 44, 15; [π]οιηταν, Mag., T.H.,
   ca. 200, *IvM* 46, 13;

(ποχα), ποχ΄, Sal., *V.I.* (I.M.), *ca.* 480, *DGE* 126, 1; ποχα, P.,
   Ded., s. VII/VI, *SEG* XI 225, 1; Co., Epit. (I.M.), *ca.* 227,
   IG IX 1, 873, 5;

Πολεας, Sy., Decr., *ca.* 500, *SEG* XI 244, 23;

πολεμαρχ-, -οις, N., Decr., *ca.* 229, *SEG* XXIII 178, 3; -ος, Le.,
   Decr., *in.* s. II, *IG* IX 1, 534, 9;

Πολεμαρχου, Le., Decr., *in.* s. II, *IG* IX 1, 534, 7 (2);
   Π[ο]λεμαρχου, N., Decr., *ca.* 229, *SEG* XXIII 178, 26;

(πολεμεω), πολεμ[η]σαντας, Co., T.H., 1/2 s. III, *IG* IX 1, 683, 7;

πολεμιω), C., Ded., *ca.* 340, *SEG* XXII 218, 2;

πολεμου, Co., D.D., s. III/II, *IG* IX 1, 694, 26, 83, 132; Mag.,
    T.H., *ca.* 200, *IvM* 46, 12; πο⌐λεμου⌐, Co., D.D., s. III/II,
    IG IX 1, 694, 18;

⌐πολεω⌐, πολειν, Sy., Decr., *ca.* 500, *SEG* XI 244, 2;

πολις, -ει, Mag., T.H., s. III, *IvM* 44,30; N., Decr., *ca.* 229, *SEG*
    XXIII 178, 4; Co., D.D., s. III/II, *IG* IX 1, 694, 3, 6, 40;
    Mag., T.H., *ca.* 200, *IvM* 42, 16; πολ⌐ει⌐, Syr., T.H., s.
    III?, *IG* XIV 1, 10, 5; ⌐πο⌐λ⌐ε⌐ι, Mag., T.H., *ca.* 200, *IvM*
    46, 16; -εσιν, Mag., T.H., s. III, *IvM* 44, 12, 15/16;
    ⌐πο⌐λεσιν, N., *V.I.*, s. III, *SEG* XXIII 184, 2; πολ⌐ε⌐σιν,
    Mag., T.H., *ca.* 200, *IvM* 46, 15; -ιες, Mag., T.H., s. III,
    IvM 44, 17; -ιν, CorN., Decr., *ca.* 385, *DGE* 147, 4, 11, 17;
    Mag., T.H., s. III, *IvM* 44, 5, 36; Co., T.H., 1/2 s. III,
    IG IX 1, 683, 5; Mag., T.H., *ca.* 200, *IvM* 41, 5; *IvM* 42, 7,
    14; *IvM* 46, 18; *IvM* 72, 32; Co., Decr., 1/2 s. II, *IG* IX 1,
    692, 2, 6, 12; Mag., T.H., s. II, *IvM* 45, 11, 27/28;
    πολ⌐ιν⌐, Co., T.H., s. III?, *IG* IX 1, 684, 3; -ιος, CorN.,
    Decr., *ca.* 385, *DGE* 147, 4; Mag., T.H., s. III, *IvM* 44, 23;
    Cos, Decr., *ca.* 242, *SEG* XII 377, 4; Mag., T.H., *ca.* 200,
    IvM 46. 19, 36; *IvM* 72, 38; Mag., T.H., s. II, *IvM* 45, 4,
    7/8, 13/14, 32; Co., T.H. (D.P.), *ca.* 182, *IG* IX 1, 685, 3;
    IG IX 1, 686, 4; *IG* IX 1, 687, 2; πολι⌐ος⌐, Mag., T.H., *ca.*
    200, *IvM* 46, 31/32; πο⌐λιος⌐, *IvM* 72, 37; -ις, Co., T.H.,
    s. III, *IG* IX , 693, 2; Mag., T.H., s. III, *IvM* 44, 4, 22,

25; Co., D.D., s. III/II, *IG* IX 1, 694, 15, 26, 31, 133;

 Mag., T.H., *ca.* 200, *IvM* 42, 8; Le., Decr., *in.* s. II, *IG*

 IX 1, 534, 4; Co., Epit., *in.* s. I, *IG* IX 1, 876, 2; Co.,

 T.H., *ca.* 59, *IG* IX 1, 722, 1; -ιων, N., Decr., *ca.* 229,

 SEG XXIII 178, 13; Mag., T.H., *ca.* 200, *IvM* 46, 35/36;

 [π]ολιω[ν], *ibid.*, 45;

Πολιται, Co., C.C., *in.* s. III, *IG* IX 1, 691, 8;

πολιτ-, -αν, Mag., T.H., s. III, *IvM* 44, 23; π[ολιτ]αν, Mag.,

 T.H., s. II, *IvM* 45, 29; πολι[τ]αν, N., Decr., *ca.* 229, *SEG*

 XXIII 178, 22;

Πολλιαδας, Sy., Decr., *ca.* 500, *SEG* XI 244, 58;

Πολλιας, Sy., Decr., *ca.* 500, *SEG* XI 244, 11;

πολλον, Co., Epit. (I.M.), *in.* s. VI, *IG* IX 1, 868, 3;

[Πο]λυαρχος, Acr., Ded.?, s. III?, *IG* XIV 1, 214, 4;

[Πο]λυγονος, P., T.V., *ca.* 675, *SEG* XI 229;

Πολυδας, C., T.V., s. VII/VI, *DGE* 122.1;

[Π]ολυ[δευκε̄ς], P., T.V., *ca.* 600/575, *SEG* XXII 242 d;

Πολυδο̄ρος, C., T.V., s. VII/VI, *DGE* 122.1;

[Π]ολυζαλος, Delfos, Ded., *ca.* 478, Jeffery, *Plate* 51.9, 2;

Πολυθος, C., T.V., s. VII/VI, *DGE* 122.10; C., T.V., s. V?,

 Krestchmer, 25.9, 34;

πολυθρηνωι, Co., Epit. (I.M.), s. III, *IG* IX 1, 874, 4;

Πολυκλε[ιτος], Acr., Ded., s. II?, *IG* XIV 1, 213, 6;

Πολυκρατει-, -α, Sy., Ded., s. III?, *IG* IV 435, 1; -αν, *ibid.*, 2;

Πολυ[μα]θιδαι, Co., C.C., *in.* s. III, *IG* IX 1, 691, 5;

Πολυϝοϝας, Co., Epit. (I.M.). s. VI, *IG* IX 1, 870, 2;

Πολυξενα, C., T.V., s. VII/VI, *DGE* 122.4;

Πολυξενι[δ]α, Mag., T.H., *ca.* 200, *IvM* 72, 1;

Πολυξενου, Acr., D.D.T., s. III/II, *IG* XIV 1, 217, 13;

Πολυπενθα, C., T.V., s. VI, *SEG* XI 198 f;

Πολυστρατ-, -ος, C., T.V., s. VII/VI, *DGE* 122.2; Πολ[υ]στρατου,
        I., Epit., s. IV?, *IG* IV 198;

Πολυτερπος, C., T.V. (Ded.), *ca.* 580/575, *SEG* XI 303 a;

Πολυτιμωι, Co., Decr.?, s. III?, *IG* IX 1, 695, 3, 6;

Πολυϝαμος, C., T.V., s. VII/VI, *DGE* 122.2;

Πολυϝας, C., T.V., s. VII/VI, *DGE* 122.1;

(πονεω), πονε̄θε̄, Co., Epit. (I.M.), *in.* s. VI, *IG* IX 1, 867, 6;

πουτ-, -ος, C., Epit. (I.M.), *ca.* 650, *IG* IV 358, 2/3; -ο̄ι, Co.,
        Epit. (I.M.), *in.* s. VI, *IG* IX 1, 867, 3;

Ποπλιος, Co., Ded., s. I, *IG* IX 1, 709, 2;

Πορος, C., T.V., s. IV, *SEG* XI 204;

πορωι, Co., T.H., s. III, *IG* IX 1, 693, 12;

Ποσειδ-, -ανι, I., Ded., s. IV?, *IG* IV 201, 4; -ανος, Co., Decr.,
        ca. 182/178 *IG* IX 1, 690, 6; -α[νος], *ibid.*, 5; -[ωναι],
        Syr., F.J., s. III, *IG* XIV 1, 7, II 5; -ωνος, I., G., s.
        II/I?, *SEG* XXII 211; Ποσει[δο̄νος], I., T.V. (Ded.), *ex.* s.
        VI, *SEG* XIV 300;

Ποσειδ-, -ει, Acr., D.D.T., s. III/II, *IG* XIV 1, 217, 17; -ιος,

Acr., C.Np., s. III/II, *IG* XIV 1, 209, 1;

Ποτειδ-, Ποτ(ε)ιδα(Ϝ)ουι, C., Ded., s. VI, *IG* IV 222; [Ποτ]ειδαϜουι, C., Ded., s. VI, *IG* IV 217; ΠοτειδαϜου[ι], C., Ded., *ca.* 650/625, Jeffery, *Plate* 19.8; [Π]οτειδαϜονος, C., Ded., *ca.* 550/525, *IG* IV 301; ΠοτειδαϜονος, I., Ded., *ca.* 520, *SEG* XXII 208; -αν, C., Ded., s. VI, *IG* IV 210; *IG* IV 227; C., Ded., *ca.* 525, *IG* IV 294; C., Ded., s. V?, *IG* IV 278; *IG* IV 279; *IG* IV 280; *IG* IV 281; *IG* IV 282; *IG* IV 283; *IG* IV 284; *IG* IV 320; C., Ded., s. VI, *IG* IV 224; *IG* IV 231; C., Ded., s. V?, *IG* IV 264; C., Ded., 1/2 s. V, *IG* IV 265; C., Ded., s. V, *IG* IV 277; -[αν], C., Ded., s. VI, *IG* IV 211; [Π]οτειδαν, C., Ded., s. V?, *IG* IV 246, 3; [Π]οτειδ[αν], C., Ded., s. V?, *IG* IV 270; [Π]οτει[δαν], C., Ded., s. V?, *IG* IV 271 a; *IG* IV 273; [Π]οτειδα[ν], C., Ded., s. V?, *IG* IV 276; [Ποτ]ειδα[ν], C., Ded., s. V?, *IG* IV 272; Ποτε[ιδ]αν, C., Ded., s. V?, *IG* IV 274; -α(ν), C., Ded., s. V?, *IG* IV 285; -α[ν], C., Ded., s. V?, *IG* IV 286; *IG* IV 287; Ποτει[δαν], C., Ded., s. V?, *IG* IV 288; [Πο]τειδαν, C., Ded., s. V?, *IG* IV 289; [Ποτει]δαν, C., Ded., s. V?, *IG* IV 290; *IG* IV 291; [Ποτει]δανι, C., Ded., s. VI, *IG* IV 215; -ανι, C., Ded., *ca.* 600/575, *IG* IV 245 b; C., Ded., s. VI, *IG* IV 219; C., Ded., s. VI/V, *IG* IV 236; C., Ded.., s. V?, *IG* IV 261; -α[νι], C., Ded., 1/2 s. V, *IG* IV 229; C., Ded., s. V?, *IG* IV 247; Ποτ[ειδανι], C., Ded., s.VI?, *IG* IV 230; Ποτειδα(νι), C., Ded., s. VII/VI, *IG* IV

237, A 1; -[ανι], C., Ded., s. V?, *IG* IV 246, 1;

[Ποτειδ]ανι, C., Ded., s. V?, *IG* IV 260; [Πο]τειδανι, C.,

Ded., s. V?, *IG* IV 262; -αν(ι), C., Ded., s. V?, *IG* IV 328;

[Ποτειδ]ανο[ς], C., Ded., s. V?, *IG* IV 269;

(ποτερχομαι), -ελθουτες, Mag., T.H., s. III, *IvM* 44, 10; Mag.,

T.H., *ca.* 200, *IvM* 46, 6;

(ποτιγιγνομαι), -γινομενας, Mag., T.H., s. III, *IvM* 44, 27;

ποτμον, Co., Epit. (I.M.), *ca.* 229, *IG* IX 1, 871, 1;

πραγματι[α], Sy., Decr., *ex.* s. III, *IG* IV 426, 2;

πραξ-, πρ[αξ]ει[ς], Mag., T.H., *ca.* 200, *IvM* 46, 14; -ις, Co.,

Decr., s. III, *IG* IX 1, 978, 3;

Πραξιδαμου, CorN., Decr., *ca.* 385, *DGE* 147, 1;

Πραξιμενēς, Co., Epit. (I.M.), *in.* s. VI, *IG* IX 1, 867, 5;

Πραξιτιμας, Ph., Ded.?, s. IV, *IG* IV 468;

(πρασσω), -αξειν, Syr., F.J., s. III, *IG* XIV 1, 7, I 11; -ασσειν,

ibid., I 11;

πραται, Co., D.D., s. III/II, *IG* IX 1, 694, 95;

Πραυλος, Sy., Decr., *ca.* 500, *SEG* XI 244, 18;

πρεσβ-, -εις, Sy., Decr., *ex.* s. III, *IG* IV 426, 6; -ειων, Mag.,

T.H., *ca.* 200, *IvM* 72, 5;

πρεσβευτ-, -α, Mag., T.H., *ca.* 200, *IvM* 42, 1; -αι, *IvM* 72, 31;

-αις, Mag., T.H., s. III, *IvM* 44, 24; -αν, Mag., T.H., *ca.*

200, *IvM* 72, 10/11; Mag., T.H., s. II, *IvM* 45, 3; -ας,

Mag., T.H., s. III, *IvM* 44, 8/9; Mag., T.H., *ca.* 200, *IvM*
46, 5; -[ας], *IvM* 72, 36; -ω[ν], N., Decr., *ca.* 145, *SEG*
XXIII 180, 11;

πρεσβυτερ-, -ους, Co., D.D., s. III/II, *IG* IX 1, 694, 47;
         -[ωι], Acr., *V.I.*, s. II/I, *SEG* XXXI 822, C 12;

Πρετιωσας, Syr., T.V., s. II/I, *SEG* XVI 539, I 1/2;

(πριαμαι), πριαμενου, Co., D.D., s. III/II, *IG* IX 1, 694, 56;

Πριαμος, C., T.V., s. VII/VI, *DGE* 122.4;

Πριην(ε)ις, Co., T.H. (D.P.), *ca.* 182, *IG* IX 1, 687, 5;

προ, Mag., T.H., s. III, *IvM* 44, 42; Co.,D.D., s. III/II, *IG* IX 1,
         694, 93;

(προαγορευω), -ειρημενους, Acr., *V.I.*, s. II/I, *SEG* XXXI 822, A
         1/2;

(προαιρεω), -αιρωνται, Co., D.D., s. III/II, *IG* IX 1, 694, 55/56;
         -αιρ[ω]νται, *ibid.*, 125;

προβουλ-, -οις, Co., T.H. (D.P.), *ex.* s. IV, *IG* IX 1, 682, 12;
         Co., T.H., 1/2 s. III, *IG* IX 1, 683, 11; Co., D.D., s.
         III/II, *IG* IX 1, 694, 143; Co., T.H. (D.P.), *ca.* 182, *IG* IX
         1, 685, 16/17; *IG* IX 1, 688, 13; -ος, Le., Decr., *in.* s.
         II, *IG* IX 1, 534, 8; -ους, Mag., T.H., s. III, *IvM* 44, 29;
         Co., D.D., s. III/II, *IG* IX 1, 694, 144; Co., T.H. (D.P.),
         ca. 182, *IG* IX 1, 686, 11; -ων, Mag., T.H., s. III, *IvM* 44,
         3; Co., D.D., s. III/II, *IG* IX 1, 694, 117;

(προγιγνομαι), -γεγενειμενας, Mag., T.H., s. II, *IvM* 45, 21;

προγονων, Mag., T.H., s. III, *IvM* 44, 13; Mag., T.H., *ca.* 200, *IvM* 72, 15; Mag., T.H., s. II, *IvM* 45, 22;

(προδηλοω), -δηλ[ουμενοι], Co., T.H., s. III?, *IG* IX 1, 684, 5;

προδικ-, -οι, Co., D.D., s. III/II, *IG* IX 1, 694, 114; -οις, Co., T.H. (D.P.), *ex.* s. IV, *IG* IX 1, 682, 11/12; Co., D.D., s. III/II, *IG* IX 1, 694, 143; Co., T.H. (D.P.), *ca.* 182, *IG* IX 1, 685, 17; *IG* IX 1, 688, 13/14; [προ]δικοις, Co., T.H., 1/2 s. III, *IG* IX 1, 683, 1; -οι[ς], *ibid.*, 11; -ους, Co., T.H. (D.P.), *ca.* 182, *IG* IX 1, 686, 11/12;

προθυμως, Mag., T.H., s. III, *IvM* 44, 27;

Προιτου, Sy., Epit. (I.M.), s. IV, *SEG* XV 195, 1;

(προχαρυσσω), -υξαντες, Co., D.D., s. III/II, *IG* IX 1, 694, 52, 63;

Προχλειδας, Ac., Epit., s. V, *DGE* 140, 1;

Προμαχιδ-, Προμ[αχιδα], Co., *V.I.*, s. II, *IG* IX 1, 796; [Προμ]αχιδα, *IG* IX 1, 797; -ας, Co., D.D., s. III/II, *IG* IX 1, 694, 38;

προξενιαν, Co., T.H. (D.P.), *ex.* s. IV, *IG* IX 1, 682, 10; Mag., T.H., s. III, *IvM* 44, 39; Co., T.H. (D.P.), *ca.* 182, *IG* IX 1, 685, 13; *IG* IX 1, 686, 10/11; *IG* IX 1, 688, 10/11;

(προξενος), -Fος, Co., Epit. (I.M.), *in.* s. VI, *IG* IX 1, 867, 3; -οις, Co.,T.H., s. III, *IG* IX 1, 693, 2; Co., T.H. (D.P.), *ca.* 182, *IG* IX 1, 685, 11; *IG* IX 1, 686, 8; *IG* IX 1, 687, 9; *IG* IX 1, 688, 9; -ον, Co., T.H. (D.P.), *ex.* s. IV, *IG* IX

1, 682, 5; Co., T.H. (D.P.), *ca.* 182, *IG* IX 1, 685, 1/2; *IG*
IX 1, 686, 1/2; *IG* IX 1, 688, 1/2; [προ]ξενου, Co., T.H.
(D.P.), *ex.* s. III, *SEG* XXV 325, 8; -ους, Mag., T.H., *ca.*
200, *IvM* 46, 36; Co., T.H. (D.P.), *ca.* 182, *IG* IX 1, 687,
1/2; [προ]ξενους, Mag., T.H., s. II, *IvM* 45, 44;

⟨προς⟩, πο, Co., C.C., *in.* s. III, *IG* IX 1, 691, 4; Co., T.H., s.
III, *IG* IX 1, 693, 12; ποι, Co., C.C., *in.* s. III, *IG* IX 1,
691, 3; Co., T.H., s. III, *IG* IX 1, 693, 17; ποτι, Mag.,
T.H., s. III, *IvM* 44, 5; Co., D.D., s. III/II, *IG* IX 1,
694, 53, 62, 120; Acr., D.D.T., s. III/II, *IG* XIV 1, 217,
14, 16, 18, 24, 27, 35, 41, 47; Mag., T.H., *ca.* 200, *IvM*
41, 5; *IvM* 46, 4, 6, 24, 26, 27, 30; προς, Mag., T.H., s.
III, *IvM* 44, 4;

⟨προσγραφω⟩, -γραφευτων, Mag., T.H., *ca.* 200, *IvM* 72, 8;
⟨προσοραω⟩, -ιδων, Co., Epit. (I.M.), s. I, *IG* IX 1, 879, 3;
προστατ-, -αι, Co., D.D., s. III/II, *IG* IX 1, 694, 116/117; -ας,
Co., T.H. (D.P.), *ex.* s. IV, *IG* IX 1, 682, 3; Mag., T.H.,
s. III, *IvM* 44, 3; Cos, Decr., *ca.* 242, *SEG* XII 377, 2;
Mag., T.H., *ca.* 200, *IvM* 72, 4;

⟨προστατευω⟩, -ευσαντες, Acr., C.Np., s. III/II, *IG* XIV 1, 208, 3;
⟨προστατεω⟩, -ησαι, Co., D.D., s. III/II, *IG* IX 1, 694, 106,
109, 126/127; -ησας, *ibid.*, 110;
προσωπου, N., C.M., *ex.* s. IV, *SEG* XXX 353, 3;
[π]ροτερον, Syr., F.J., s. III, *IG* XIV 1, 7, I 8;

(προτιθημι), -θη, CorN., Decr., *ca.* 385, *DGE* 147, 12;

(προυπαρχω), -αρχουσαν, Mag., T.H., *ca.* 200, *IvM* 42, 6;

προφου[ι], Co., Epit. (I.M.), *in.* s. I, *IG* IX 1, 877, 4;

(προχωρευομαι), -ομενος, C., T.V. (Ded.), *ca.* 580/575, *SEG* XI 303
      b;

πρυτανει-, -ου, Mag., T.H., s. III, *IvM* 44, 40; [πρ]υτανειο[ν],
      Mag., T.H., s. II, *IvM* 45, 47; -ου, Mag., T.H., s. III, *IvM*
      44, 42; [π]ρυτανειωι, Mag., T.H., s. II, *IvM* 45, 37;

(πρυτανευω), -ευοντος, Co., D.D., s. III/II, *IG* IX 1, 694, 1;
      πρυ[τ]α[νευ]οντος, Mag., T.H., s. II, *IvM* 45, 2; -ευσας,
      Co., Ded., s. III/II, *IG* IX 1, 707, 1/2; π[ρυτα]νευσας,
      Co., Ded., s. II, *IG* IX 1, 708, 1/2; [πρυταν]ευσας, Co.,
      Ded., s. I, *IG* IX 1, 709, 1;

πρυτανι-, -ν, Co., D.D., s. III/II, *IG* IX 1, 694, 57; πρυ[τα]νιν,
      Mag., T.H., *ca.* 200, *IvM* 46, 39; -ος, Mag., T.H., s. III,
      IvM 44, 2; -ς, Co., T.H. (D.P.), *ex.* s. IV, *IG* IX 1, 682,
      1;

πρωχτου, N., C.M., *ex.* s. IV, *SEG* XXX 353, 8/9;

πρωτ-, πρōτα, Ph., *V.I.*, *ca.* 600/550, *SEG* XI 284, 2; -ου, CorN.,
      Decr., *ca.* 385, *DGE* 147, 6; -ους, *ibid.*, 3;

[Πρ]ωταρ[χ]ωι, Co., T.H., s. III, *IG* IX 1, 693, 9;

Πρōτεσιλας, C., T.V., s. VII/VI, *DGE* 122.6;

πτολεμοις, Co., Epit. (I.M.), s. I, *IG* IX 1, 879, 7;

πυγμαν, Sy., C.J., *ca.* 260/220, *IG* IV 428, 2, 5, 6 (2), 8 (2), 9,

10, 11; [πυ]γ[μ]αν, *ibid.*, 10;

Πυθαγορου, Mag., T.H., *ca.* 200, *IvM* 42, 3;

Πυθαιος, Co., L.T., s. V?, *IG* IX 1, 699;

Πυθεας, N., Decr., *ca.* 229, *SEG* XXIII 178, 27;

Πυθι-, -α, Mag., T.H., s. III, *IvM* 44, 24; Mag., T.H., s. II, *IvM*
    45, 31; [Π]υ[θι]ων, Mag., T.H., *ca.* 200, *IvM* 41, 15;

Πυθοι, Sy., C.J., *ca.* 500/475, *SEG* XI 257, 2;

πυχτα, C., T.V., s. VII/VI, *DGE* 122.9;

πυλαν, Acr., D.D.T., s. III/II, *IG* XIV 1, 217, 45, 49;

Πυλλου, CorN., Decr., *ca.* 385, *DGE* 147, 2;

Πυρϝαλιων, N., C.M.?, s. IV, *SEG* XXVI 421.2;

Πυρϝιας, Sy., Decr., *ca.* 500, *SEG* XI 244, 47; C., T.V. (Ded.), *ca.*
    500/475, *SEG* XIV 303 b; [Π]υρϝιας, P., T.V., *ca.* 600/575,
    SEG XXII 243 d;

Πυρϝος, C., T.V. (Ded.), s. VII/VI, *IG* IV 331;

Πυρριχος, Acr., C.Ofr., s. III/II, *IG* XIV 1, 211, II 6;

πυρρ[ο]ι, Ol., *V.I.*, *ca.* 600/550, *DGE* 130;

Ραυδιος, Sy., Decr., *ca.* 500, *SEG* XI 244, 30;

(ρεζω), Ϝρεξαντα, Cl., Decr., *ca.* 575/550, *IG* IV 1607, 5;

(ρεω), ρεουτος, Co., Decr., 1/2 s. II, *IG* IX 1, 692, 10;

Ρηνειη, Co., Epit. (I.M.), *in.* s. I, *IG* IX 1, 877, 3;

(ρητευω), αρητευε, N., Decr., *ca.* 367, *SEG* XXIII 179, 3;

Ροδιου, Co., Epit., s. II, *IG* IX 1, 940;

ρhοϝαισι, Co., Epit. (I.M.), *in.* s. VI, *IG* IX 1, 868, 2;

ροος, Co., L.T., s. V?, *IG* IX 1, 699;

...ροιας, N., *V.I.*, s. V, *SEG* XXIX 351, A 2;

ρυμ-, -α, Co., Decr., 1/2 s. II, *IG* IX 1, 692, 5; -ατος, *ibid.*,
    10;

Σαθωνος, Le., Decr., *in.* s. II, *IG* IX 1, 534, 6;

Σαχις, C., T.V., s. VII/VI, *DGE* 121.1;

Σαλλας, CorN., Decr., *ca.* 385, *DGE* 147, III 21;

(σαλοομαι), -ο[μ]εθα, N., Decr., *ca.* 229, *SEG* XXIII 178, 22;

σαμα, Co., Epit. (I.M.), *in.* s. VI, *IG* IX 1, 867, 1, 6; O., Epit.,
    s. VI/V, *IG* IV 414; Co., *IG* IX 1, 868, 1; Syr., Epit., *in.*
    s. V, *SEG* XXVII 661, 1/2; P., Epit., s. V, *SEG* XI 242; Ac.,
    Epit., s. V, *DGE* 140, 1;

Σαμανδρε, Co., Epit., s. II?, *IG* IX 1, 938, 1;

Σαραπι, Sy., Ded., s. III/II, *SEG* XI 252, 2; C., Ded., s. III/II,
    SEG XXVII 34, 3;

Σαρπαδōν, C., T.V., s. VII/VI, *DGE* 121.4;

Σατυρου, Co., Epit. (I.M.), *ca.* 227, *IG* IX 1, 873, 8;

(σεβω), -ομενοις, Mag., T.H., s. II, *IvM* 45, 10; σε[βομε]νοις,
    Mag., T.H., *ca.* 200, *IvM* 46, 17;

ΣεχυϜōνιιος, Delfos, Ded., s. VII, Jeffery, *Plate* 23.2;

Σεχυō[νι], Sy., C.J., *ca.* 500/475, *SEG* XI 257, 6;

Σεχυōνι⟨οι⟩, Ol., Ded., *ca.* 500/475, Jeffery, *Plate* 23.12;

Σελινο(νντιαν), Acr., D.D.T., s. III/II, *IG* XIV 1, 217, 45, 49;

Σελινōι, C., T.V., s. V?, Krestchmer 20.9, 17, 3;

Σεριφιων, N., Decr., s. IV/III?, *IG* IV 480, 5, 6;

[Σθ]ενελος, C., Ded., s. VII/VI, *IG* IV 268;

Σθενιου, Co., *V.I.*, s. II, *IG* IX 1, 798; *IG* IX 1, 800; *IG* IX 1,
    821; Σθενι[ου], Co., *V.I.*, s. II, *IG* IX 1, 799;

Σθε[υι]ππος, Co., C.Np., *ex.* s. IV, *IG* IX 1, 976, 1;

Σιβαλιος, CorN., Decr., *ca.* 385, *DGE* 147, III 37;

Σικυωνι-, -ος, Co., Epit., s. II?, *IG* IX 1, 935, 3; -ων, Mag.,
     T.H., *ca.* 200, *IvM* 41, 1;

Σιλανου, Co., C.M., s. III, *IG* IX 1, 977, 2, 4;

Σιμια-, -ι, Co., C.C., *in.* s. III, *IG* IX 1, 691, 6; -ς, CorN.,
     Decr., *ca.* 385, *DGE* 147, II 42;

Σιμιōυ, C., Ded., s. VI, *IG* IV 211;

Σιμ-, -ος, Sy., Decr., *ca.* 500, *SEG* XI 244, 12; [Σ]ιμου, Co., Epit
     (I.M.), s. VI, *IG* IX 1, 870, 1;

Σιμυλωι, Acr., D.D.T., s. III/II, *IG* XIV 1, 217, 19;

Σιμωνιδα, Mag., T.H., *ca.* 200, *IvM* 72, 10;

Σιννα, Co., Epit. (I.M.), *ca.* 229, *IG* IX 1, 872, 2;

Σιταλχης, CorN., Decr., *ca.* 385, *DGE* 147, III 48,

σιτηρεσια, Co., D.D., s. III/II, *IG* IX 1, 694, 23/24, 34, 87, 91,
     134;

[σ]χελη, Mag., T.H., *ca.* 200, *IvM* 46, 41;

σχεοθηχας, Co., Decr., 1/2 s. II, *IG* IX 1, 692, 12;

(σχεπτομαι), [σχ]επτομενοις, Co., T.H., 1/2 s. III, *IG* IX 1, 683,
     6;

σχ[ε]υει, N., Decr., *ca.* 229, *SEG* XXIII 178, 23;

Σχιπτιαι, Co., T.H., s. III, *IG* IX 1, 693, 11;

Σχυλαχος, Co., V.I., s. II, *IG* IX 1, 801;

Σχυμνος, C., T.V., s. II, *SEG* XI 217 c;

Σορδις, C., Ded.?, s. VII/VI, *IG* IV 318;

(σος, ση, σου), σα, P., Ded., *ca.* 650, *SEG* XI 224 a;

Σοφα, I., Ded., s. IV, *SEG* XXII 209;

Σοφιος, Co., Epit., s. III?, *IG* IX 1, 895;

Σοφοκλευς, Co., Epit., s. III?, *IG* IX 1, 895;

σπουδαν, Ph., Decr.?, s. III, *SEG* XI 277;

[στ]αθος, Ol., *V.I.*, *ca.* 600/550, *DGE* 130;

σταλ-, -α, Co., Epit. (I.M.), s. VI, *IG* IX 1, 869; -αυ, Co., D.D.,
        s. III/II, *IG* IX 1, 694, 142; στα[λαυ], Co., Decr., 1/2 s.
        II, *IG* IX 1, 692, 15/16;

Στατιε, Co., Epit., s. II?, *IG* IX 1, 939;

στεγας, Co., Decr., 1/2 s. II, *IG* IX 1, 692, 4;

στεφαυιτ-, -αυ, Mag., T.H., s. III, *IvM* 44, 16; Mag., T.H., *ca.*
        200, *IvM* 41, 8, 12; *IvM* 46, 20, 22, 29; *IvM* 72, 20/21;
        στεφ[αυι]ταυ, *ibid.*, 30; στεφαυ[ιτην], N., Decr., *ca.* 145,
        SEG XXIII 180, 15;

στεφαυ[ο]ι, Mag., T.H., *ca.* 200, *IvM* 46, 16;

(στεφανοω), στε[φ]αυ[ωσαι], Co., T.H., 1/2 s. III, *IG* IX 1, 683,
        14;

Στιπος, C., Ded.?, s. VII/VI, *IG* IV 319;

στοματος, N., C.M., *ex.* s. VI, *SEG* XXX 353, 4/5; Co., Epit.
        (I.M.), s. I, *IG* IX 1, 878, 4;

στουοϝε(σ)σαυ, Co., Epit. (I.M.), *in.* s. VI, *IG* IX 1, 868, 3;

στοργης, Co., Epit. (I.M.), s. I, *IG* IX 1, 879, 8;

στρατα..., C., V.I., s. V, *SEG* XXVI 401;

(στραταγεω), στρα[ταγο]υυτος, Co., Decr., *ca.* 182/178, *IG* IX 1,
    689, 5/6; [στραταγο]υυτος, *ibid.*, 1;

στραταγος, Le., Decr., *in.* s. II, *IG* IX 1, 534, 8;

στρατηγοις, Co., T.H. (D.P.), *ca.* 182, *IG* IX 1, 688, 14;

Στρατιου, Co., V.I., s. II, *IG* IX 1, 803; Στρ[ατιου], *IG* IX 1,
    802; Σ[τρ]ατιου, *IG* IX 1, 804;

[Σ]τρατιππου, Syr., Ded.?, s. III?, *IG* XIV 1, 6, 3;

Στρατων, Co., T.H. (D.P.), *ex.* s. IV, *IG* IX 1, 682, 1; Cl., Ded.?,
    s. I?, *IG* IV 489; -νος, Co., C.Np., *ex.* s. IV, *IG* IX 1,
    976, 2; Mag., T.H., s. III, *IvM* 44, 3; Co., V.I., s. II, *IG*
    IX 1, 805;

(στρεφω), -εψαι, Co., Decr., 1/2 s. II, *IG* IX 1, 692, 11;

Στροβιλο[υ], Syr., C.Np., s. III?, *IG* XIV 1, 8, 5;

Στροφασιν, Co., Epit. (I.M.), *ca.* 227, *IG* IX 1, 873, 6;

στυγερ-, -αι, Co., Epit. (I.M.), *in.* s. I, *IG* IX 1, 877, 8; -ας,
    Co., Epit. (I.M.), *ca.* 229, *IG* IX 1, 872, 2;

(συ), σ΄, C., T.V., s. IV, *SEG* XI 204; σε, Co., Epit. (I.M.), *ca.*
    229, *IG* IX 1, 872, 4; Co., Epit. (I.M.), s. III, *IG* IX 1,
    874, 1, 7; σεθεν, Co., Epit. (I.M.), s. I, *IG* IX 1, 878, 7;
    σειο, Co., Epit. (I.M.), *ca.* 229, *IG* IX 1, 871, 1; σου,
    Co., Epit. (I.M.), *ca.* 229, *IG* IX 1, 872, 1; συ, Co., Epit.
    (I.M.), *in.* s. I, *IG* IX 1, 877, 3; Co., Epit. (I.M.), s. I,
    IG IX 1, 878, 2; τοι, C., T.V., s. V?, Krestchmer 17.9, 4;

τυ, C., Ded.?, s. VI, *IG* IV 212; *IG* IV 214; C., Ded., s.

 VI, *IG* IV 215; υμων, Syr., F.J., s. III, *IG* XIV 1, 7, I 13;

συγγεν-, συγγ[ενεις], Mag., T.H., *ca.* 200, *IvM* 46, 3; -η, Co.,

 Epit. (I.M.), *ca.* 229, *IG* IX 1, 872, 4;

(συγγραφω), -γεγραφοτ[ων], Mag., T.H., *ca.* 200, *IvM* 46, 14;

συγκλητ-, σ[υ]γκλητον, Syr., *V.I.*, *ca.* 200, *DGE* 167^g; σ[υ]γκλητου,

 Mag., T.H., *ca.* 200, *IvM* 72, 3; σ[υ]γκλητωι, *ibid.*, 7;

Συχοι, Acr., Epit., s. VI, *DGE* 146.2;

Συμαδας, Ph., Epit., s. V, *IG* IV 451;

συν, Co., Epit. (I.M.), *in.* s. VI, *IG* IX 1, 867, 6; CorN., Decr.,

 ca. 385, *DGE* 147, 5; Mag., T.H., *ca.* 200, *IvM* 46, 43; Co.,

 Epit. (I.M.), s. II, *IG* IX 1, 875, 5; Acr., *V.I.* (I.M.), s.

 II/I, *SEG* XXXI 823, B 6;

(συναγορεω), -ηση, CorN., Decr., *ca.* 385, *DGE* 147, 12;

(συναλ(λ)ασσω), -αζεσθαι, Sy., Decr., *ca.* 500, *SEG* XI 244, 4;

 -ασσουτ[ες], Co., D.D., s. III/II, *IG* IX 1, 694, 55;

συναρχοι, Co., Ded., s. III, *IG* IX 1, 706; Co., Ded., s. III/II,

 IG IX 1, 707, 2; Co., Ded., s. II, *IG* IX 1, 708, 2; Co.,

 Ded., s. I, *IG* IX 1, 709, 1;

(συναυξω), -ξει, Mag., T.H., s. III, *IvM* 44, 27; -ξειν, Mag.,

 T.H., *ca.* 200, *IvM* 46, 26; Mag., T.H., s. II, *IvM* 45, 24;

[συν]δικασταν, Co., Decr., *ca.* 182/178, *IG* IX 1, 689, 12;

συν[δικων], Co., Decr., 1/2 s. II, *IG* IX 1, 692, 2/3;

συνεδρ-, -αι, Co., D.D., s. III/II, *IG* IX 1, 694, 95; -οις, N.,

Decr., *ca.* 145, *SEG* XXIX 348, 2;

(συνειχω), -[ε]ιχει, Co., D.D., s. III/II, *IG* IX 1, 694, 121;

(συνθυω), -θυσουτας, Mag., T.H., *ca.* 200, *IvM* 72, 34;

(συνιχω), -ιχουτα, Mag., T.H., s. III, *IvM* 44, 29/30;

(συντελεω), [συ]υετελεσαυτο, Mag., T.H., *ca.* 200, *IvM* 46, 11;
-τελειυ, Mag., *ca.* 200, *IvM* 46, 19; [συυτ]εληται,
ibid., 38; -τελουυτι, *ibid.*, 29; *IvM* 41, 10/11;

Συρακοσι-, -οι, Syr., Ded., *ca.* 474, *DGE* 144.2, 2; Syr., Ded., s.
III?, *IG* XIV 1, 2, 3; [Σ]υρακοσιοις, Syr., F.J., s. III. *IG*
XIV 1, 7, I 6; -ος, Syr., Ded., *ca.* 480, *DGE* 144.1, 3; -ωυ,
Syr., *V.I.*, *ca.* 485/470, *SEG* XXIX 940; Syr., Ded., *ca.* 250,
Ditt. I 428, 1; Mag., T.H., *ca.* 200, *IvM* 72, 26;
[Σ]υρακοσιω[ν], *ibid.*, 24;

Συρισχα, Syr., Epit., s. II/I, *DGE* 145, 2;

Σχιυουρι, Co., T.H., s. III, *IG* IX 1, 693, 22;

Σωα[νδρου], Co., *V.I.*, s. II, *IG* IX 1, 806;

Σοχλες, C., T.V., *ca.* 750/725?, *SEG* XI 191, 4;

Σωκρατ-, Σοκρατες, Sy., Decr., *ca.* 500, *SEG* XI 244, 38, 52; -ης,
Co., Epit., s. III?, *IG* IX 1, 889; Co., Epit., s. II?, *IG*
IX 1, 926; -ευς, Co., T.H. (D.P.), *ex.* s. IV, *IG* IX 1, 682,
4;

σωματος, N., C.M., *ex.* s. IV, *SEG* XXX 353, 9/10;

Σουου, C., Ded., s. V?, *IG* IV 357;

Σωυυλος, CorN., Decr., *ca.* 385, *DGE* 147, III 38;

Σωσ..., Sy., T.H., s. II?, *SEG* XI 249, 1;

Σωσανδρ-, -ε, Co., Epit., s. III, *SEG* XXV 613; -ος, Co., D.D., s.
      III/II, *IG* IX 1, 694, 38; Σω[σ]ανδρου, Co., *V.I.*, s. II, *IG*
      IX 1, 807;

Σωσανδριδα, Mag., T.H., *ca.* 200, *IvM* 72, 10;

Σωσθενεος, Co., *V.I.*, s. II, *IG* IX 1, 808;

Σωσιβιου, Acr., Ded., s. III?, *IG* XIV 1, 204, 2;

Σωσι[γενεος], Co., *V.I.*, s. II, *IG* IX 1, 809;

Σωσιχλ-, -εος, Ph., Ded.?, s. IV?, *IG* IV 469; Ph., Epit., s. III,
      SEG XI 278; Mag., T.H., s. II, *IvM* 45, 5; -η, Mag., T.H.,
      s. III, *IvM* 44, 9, 37; Mag., T.H., s. II, *IvM* 45, 18,
      40/41; Σωσιχ[λη], Mag., T.H., *ca.* 200, *IvM* 46, 5;

Σωσιπατρ[ου], Mag., T.H., *ca.* 200, *IvM* 72, 9,

Σωσιπολ[ιος], Syr., C.Np., s. III?, *IG* XIV 1, 8, 8;

⟨Σωσις⟩, -ος, Acr., C.Np., s. III/II, *IG* XIV 1, 208, 9; *IG* XIV 1,
      209, II 6, 8, 9; Acr., C.Ofr., s. III/II, *IG* XIV 1, 211, II
      13; Acr., D.D.T., s. III/II, *IG* XIV 1, 217, 46; [Σω]σιος,
      Syr., C.Np., s. III, *IG* XIV 1, 8, 1; -ς, Acr., C.Np., s.
      III/II, *IG* XIV 1, 210, 7; [Σ]ωσις, Acr., C.Ofr., s. III/II,
      IG XIV 1, 212, II 8;

Σωστρατ-, -ε, Co., Epit., s. II?, *IG* IX 1, 927; -ος, Le., Decr.,
      in. s. II, *IG* IX 1, 534, 10, 12; [Σω]στρατος, Syr., C.Np.,
      s. III?, *IG* XIV 1, 8, 6; -ου, Co., *V.I.*, s. II, *IG* IX 1,
      810; Σωστρα[του], Syr., C.Np., s. III?, *IG* XIV 1, 8, 6;

Σωστρα[τ]ου, Le., Decr., *in.* s. II, *IG* IX 1, 534, 5;

Σωταδε..., Acr., *V.I.*, s. II/I, *SEG* XXXI 822, B 1;

σωτηρ-, -α, Co., T.H., *ca.* 19/13, *IG* IX 1, 723, 3; σωτη[ρος], N.,

Decr., *ca.* 229, *SEG* XXIII 178, 20;

σωτηριαι, Cos, Decr., *ca.* 242, *SEG* XII 377, 4; Co., D.D., s.

III/II, *IG* IX 1, 694, 1;

[Σω]τηριωνα, Co., Decr., 1/2 s. II, *IG* IX 1, 692, 8;

Σωτηρο[ς], C., T.V., s. IV/III, *SEG* XI 211 b;

Σωτιωνος, Le., Decr., *in.* s. II, *IG* IX 1, 534, 7/8, 11; Co., *V.I.*,

s. II, *IG* IX 1, 811;

ταθαναι, Le., Ded., s. VI, *DGE* 141;

ταλαντ-, -..., N., *R.A.*, s. IV, *IG* IV 481, 9; -ον, Co., C.C., *in.*
        s. III, *IG* IX 1, 691, 9; -ων, Co., D.D., s. III/II, *IG* IX
        1, 694, 20;

τα(λ)λα, Sy., Decr., *ca.* 500, *SEG* XI 144, 2; ταλλα, Mag., T.H., s.
        III, *IvM* 44, 32; Co., T.H. (D.P.), *ca.* 182, *IG* IX 1, 685,
        9;

ταμι-, -α[ν], Co., D.D., s. III/II, *IG* IX 1, 694, 146; -αν, Co.,
        T.H. (D.P.), *ca.* 182, *IG* IX 1, 685, 19; *IG* IX 1, 686, 13;
        IG IX 1, 688, 15/16; -ας, Mag., T.H., s. II, *IvM* 45, 49;

ταριστερον, Ol., *V.I.*, *ca.* 600/550, *DGE* 130;

(τασσω), -αξαντων, Co., D.D., s. III/II, *IG* IX 1, 694, 138;
        -ασσει, *ibid.*, 23;

ταυτα, Co., D.D., s. III/II, *IG* IX 1, 694, 119;

ταφ-, -ον, Co., Epit. (I.M.), s. II, *IG* IX 1, 875, 4; -ου, Co.,
        Epit. (I.M.), s. I, *IG* IX 1, 878, 8; -ωι, Co., Epit.
        (I.M.), *ca.* 227, *IG* IX 1, 873, 1;

Ταχυδρο[μος], C., T.V. (Ded.), s. VII/VI, *IG* IV 331;

Τεισαν[δρι]χος, I., Ded., s. IV?, *IG* IV 201, 1;

Τεισα[νδροιας], Co., *V.I.*, *ca.* 500, *SEG* XXX 524, 2/3;

Τεισιχρα[τους], Sy., T.H., *ca.* 221/216, *IG* IV 427, 2;
        Τεισ[ιχρατους], Sy., C.J., *ca.* 260/220, *IG* IV 428, 12;

(τειχιζω), -ιξαντας, CorN., Decr., *ca.* 385, *DGE* 147;
        τετειχισμενας, *ibid.*, 5;

τεχεα, Co., Epit. (I.M.), s. III, *IG* IX 1, 874, 6;

τελεα, Mag., T.H., *ca.* 200, *IvM* 72, 40;

τελειου, Mag., T.H., s. III, *IvM* 44, 31;

τελειοτοχων, Co., Epit. (I.M.), s. III, *IG* IX 1, 874, 1;

Τελεστας, N., Epit., *ca.* 450/425, *SEG* XI 295; [Τ]ελεστας, N.,
      Ded., F.D., *IG* IV 486;

Τελεσωνος, Le., Decr., *in.* s. II, *IG* IX 1, 534, 10;

τελ-, -ε, Sy., Decr., *ca.* 500, *SEG* XI 244, 2; -ος, Acr., *V.I.*
      (I.M.), s. II/I, *SEG* XXXI 823, B 3;

Τελλευς, N., *V.I.*, s. III?, *SEG* XXXII 365, B.2;

τερμονα, Co., Decr., *ca.* 182/178, *IG* IX 1, 690, 9;

τε[σ]σαρα, CorN., Decr., *ca.* 385, *DGE* 147, 10;

τεταρτ-, -α, Co., T.H. (D.P.), *ex.* s. IV, *IG* IX 1, 682, 2/3;
      -[αι], N., Decr., s. III, *IG* IV 479, 2; -η, Co., D.D., s.
      III/II, *IG* IX 1, 694, 2;

[τετο]ρες, C., C.Ofr., *ca.* 575/550, Jeffery, *Plate* 20.18, 2;

τετραχις, N., Ded., *ca.* 560, *SEG* XI 290, 4;

τετραπελεθριαν, Co., T.H., s. III, *IG* IX 1, 693, 6;

τετραπλεθριαν, Co., T.H., s. III, *IG* IX 1, 693, 7/8, 14, 15, 18,
      19/20;

τεχνιτ-, -αι, Co., D.D., s. III/II, *IG* IX 1, 694, 27, 90, 133;
      -αις, *ibid.*, 24, 88, 91; -αν, *ibid.*, 4, 16, 29, 41, 80,
      108, 130, 136, 137; -ος, *ibid.*, 26, 31, 32/33, 84, 133;
      -ων, *ibid.*, 6, 35;

[τη]λιχαυται, Syr., F.J., s. III, *IG* XIV 1, 7, I 9;

(τιθημι), θετο, Co., Epit (I.M.), *ca.* 227, *IG* IX 1, 873, 3; θηκας,
    Co., Epit. (I.M.), s. III, *IG* IX 1, 874, 6; τιθευτι, Mag.,
    T.H., *ca.* 200, *IvM* 72, 20; τιθητι, Mag., T.H., s. III, *IvM*
    44, 22; Mag., T.H., *ca.* 200, *IvM* 42, 8;

τιθθιαν, N., C.M., *ex.* s. IV, *SEG* XXX 353, 5;

τιμ-, -αι, Mag., T.H., *ca.* 200, *IvM* 46, 16; -αις, Mag., T.H., s.
    III, *IvM* 44, 8, 22; Mag., T.H., *ca.* 200, *IvM* 46, 22; *IvM*
    72, 21; -ας, Mag., T.H., s. III, *IvM* 44, 23, 27; Mag.,
    T.H., *ca.* 200, *IvM* 46, 26; Mag., T.H., s. II, *IvM* 45, 25,
    39;

Τιμαι-, -ος, N., V.I., *ca.* 450/425, *SEG* XXX 352; -ου, Sy., Decr.,
    1/2 s. I, *SEG* XIV 580, 2;

Τιμανδριδας, Sy., Decr., *ca.* 500, *SEG* XI 244, 69;

Τιμανδρος, Sy., Decr., *ca.* 500, *SEG* XI 244, 28;

Τιμαρετας, Co., C.M., s. III, *IG* IX 1, 977, 8/9;

(τιμαω), -ασαι, Sy., Decr., *ex.* s. III, *IG* IV 426, 1, 5; -ην, Co.,
    T.H., 1/2 s. III, *IG* IX 1, 683, 8; -ωσα, Mag., T.H., s.
    III, *IvM* 44, 25;

τιμι-, -α, Mag., T.H., *ca.* 200, *IvM* 72, 18; Co., T.H. (D.P.), *ca.*
    182. *IG* IX 1, 685, 9; *IG* IX 1, 686, 7; *IG* IX 1, 687, 8; *IG*
    IX 1, 688, 7/8; -ων, Mag., T.H., s. III, *IvM* 44, 20;

Τιμιας, C., T.V. (Ded.), *ca.* 500/475, *IG* IV 351;

Τιμο..., Ph., Ded.?, s. IV?, *IG* IV 470;

Τιμοδαμος, Sy., Decr., *ca.* 500, *SEG* XI 244, 68;

[Τ]ιμοχλειδα, N., Decr., *ca.* 229, *SEG* XXIII 178, 20;

Τιμοχλεους, Co., *V.I.*, s. II, *IG* IX 1, 812;

Τιμοχριτα[ς], Ph., Ded.?, s. IV?, *IG* IV 471;

Τιμονιδας, C., Ded., *ca.* 600/575, *IG* IV 245, A 1;

Τιμōν, Sy., Decr., *ca.* 500, *SEG* XI 244, 10; Τιμων, Co., C.Np., *ex.* s. IV, *IG* IX 1, 976, 2; Τιμωνος, Sy., Decr., 1/2 s. I, *SEG* XIV 580, 3;

Τιμων..., Ph., Ded.?, s. IV?, *IG* IV 472;

⟨τις⟩, τι, Co., D.D., s. III/II, *IG* IX 1, 694, 18, 25, 34, 67, 82, 100, 103, 107, 110, 127, 132; τινος, *ibid.*, 114; Co., Epit., s. I, *IG* IX 1, 878, 1; τις, N., Decr., *ca.* 229, *SEG* XXIII 178, 7, 10; Co., D.D., s. III/II, *IG* IX 1, 694, 27, 109, 126, 135; Co., Epit. (I.M.), s. I, *IG* IX 1, 878, 1;

Τιτον, C., T.H., *ca.* 196/195, *SEG* XXII 214, 1;

Τλασιαϝο, Co., Epit. (I.M.), *in.* s. VI, *IG* IX 1, 867, 1;

⟨τοιουτος⟩, -οις, Acr., *V.I.*, s. II/I, *SEG* XXXI 822, B 16;

τοιχον, Co., C.C., *in.* s. III, *IG* IX 1, 691, 3; Co., Decr., 1/2 s. II, *IG* IX 1, 692, 5, 16;

τοχετοιο, Co., Epit. (I.M.), *in.* s. I, *IG* IX 1, 877, 7;

⟨τοχιζω⟩, -ιζομεναι, Co., D.D., s. III/II, *IG* IX 1, 694, 12, 76/77; -ιζομενον, *ibid.*, 29;

τοχ-, -ον, Co., D.D., s. III/II, *IG* IX 1, 694, 57, 58, 73, 75; -ον, *ibid.*, 20, 24, 53, 85, 88;

τοξωι, Co., Epit. (I.M.), *ca.* 227, *IG* IX 1, 873, 5;

(τοσουτος), -οις, Syr., F.J., s. III, *IG* XIV 1, 7, I 7;

τουλατεριον, Cl., Decr., *ca.* 575/550, *IG* IV 1607, 2/3;

τουτει, Co., C.M., s. III, *IG* IX 1, 977, 3, 5, 6/7, 8, 9;

τραγωιδους, Co., D.D., s. III/II, *IG* IX 1, 694, 21, 86;

τρεις, Co., D.D., s. III/II, *IG* IX 1, 694, 9, 20 (3), 45, 86 (3);
       τρια, CorN., Decr., *ca.* 385, *DGE* 147, 7; N., Decr., *ca.*
       145, *SEG* XXIX 348, 1; τριων, Co., D.D., s. III/II, *IG* IX 1,
       694, 20, 85;

τριακαδαρχοι, Acr., C.Np., s. III/II, *IG* XIV 1, 209, I 5; Acr.,
       C.Ofr., s. III/II, *IG* XIV 1, 211, I 5; *IG* XIV 1, 212, I 5;

τριακαδι, Co., Decr., *ca.* 182/178, *IG* IX 1, 689, 5, 8;

τριακουτα, Co., D.D., s. III/II, *IG* IX 1, 694, 47, 69, 102;

τριακοσται[α], Co., D.D., s. III/II, *IG* IX 1, 694, 118;

τριχλειν[α], Syr., Ded., s. III?, *IG* XIV 1, 4, 3;

τριποδα, Syr., Ded., *ca.* 480, *DGE* 144.1, 4;

τριτᾳ, Cos, Decr., *ca.* 242, *SEG* XII 377, 2; Mag., T.H., s. II, *IvM*
       45, 3;

τριτατου, Co., Epit. (I.M.), s. III, *IG* IX 1, 874, 2;

τροπου, Co., T.H., s. III?, *IG* IX 1, 684, 1;

(τρυγαω), ετρυγ[ησε], Co., Epit. (I.M.), *in.* s. I, *IG* IX 1, 877,
       6;

(τυγχαιω), -αυει, Mag., T.H., *ca.* 200, *IvM* 46, 25;

Τυδευς, C., T.V., s. VII/VI, *DGE* 122.5;

Τυλ[ι]σιωι, Co., T.H., s. III, *IG* IX 1, 693, 7;

τιμβ-, -ος, Co., Epit. (I.M.), s. III, *IG* IX 1, 874, 8; -ωι, Co.,
       Epit. (I.M.), s. I, *IG* IX 1, 878, 3;

τιμōι, Co., Epit. (I.M.), s. VI, *IG* IX 1, 869; *IG* IX 1, 870;

Τυ⟨ρ⟩ραυ´, Syr., Ded., *ca.* 474, *DGE* 144.2, 3;

τυχ-, -αι, CorN., Decr., *ca.* 385, *DGE* 147, 1; Co., T.H. (D.P.), s.
       III, *IG* IX 1, 693, 1; Mag., T.H., s. III, *IvM* 44, 3;
       -[αις], Mag., T.H., *ca.* 200, *IvM* 46, 23; -αυ, Co., Decr.?,
       s. III?, *IG* IX 1, 695, 1; -ος, Co., Epit. (I.M.), *in.* s. I,
       IG IX 1, 876, 6;

Τυχαιος, Sy., Decr., *ca.* 500, *SEG* XI 244, 16;

τōπε(λ⟩λōυι, Syr., Ded., *in.* s. V, *IG* XIV 1, 1;

τōπολλōυι, Delfos, Ded., *ca.* 500, Ditt. I 18, 1; Syr., Ded., *ca.*
       480, *DGE* 144.1, 2;

Ὑακινθίου, C., T.V., s. II, *SEG* XI 216, E 2;

Ὕβριμος, Acr., C.Np., s. III/II, *IG* XIV 1, 209, II 8;

ὑδατωλενοι, Acr., *V.I.* (I.M.), s. II/I, *SEG* XXXI 823, B 5;

υἱεεσσι, Syr., T.H., s. III?, *IG* XIV 1, 10, 4;

υἱ-, -ον, Co., T.H., *ca.* 59, *IG* IX 1, 722, 2; -ος, Syr., Ded., *ca.* 480, *DGE* 144.1, 5; υἱ[ος], Syr., T.H., s. III?, *IG* XIV 1, 10, 1; -ου, Co., Epit. (I.M.), *in.* s. VI, *IG* IX 1, 867, 1;

Ὑλλ-, (Ὑλ)ευς, Co., D.D., s. III/II, *IG* IX 1, 694, 3; -εων, N., Ded., s. IV/III?, *IG* IV 488, 2;

Ὑλλις, Co., D.D., s. III/II, *IG* IX 1, 694, 5;

υμεναιο[ις], Co., Epit. (I.M.), s. I, *IG* IX 1, 879, 5,

υ-, -ος, Acr., *V.I.*, s. II/I, *SEG* XXXI 822, B 18; -ου, CorN., Decr., *ca.* 385, *DGE* 147, 2; -ων, Acr., *V.I.*, s. II/I, *SEG* XXXI 822, B 18;

(υπαρχω), -αρχειν, Mag., T.H., s. III, *IvM* 44, 39; Mag., T.H., *ca.* 200, *IvM* 46, 30; Co., T.H. (D.P.), *ca.* 182, *IG* IX 1, 687, 5; -αρχετω, Co., D.D., s. III/II, *IG* IX 1, 694, 28, 136; -αρχοντα, Mag., T.H., *ca.* 200, *IvM* 46, 15; -αρχ[ουτι], Syr., F.J., s. III, *IG* XIV 1, 7, I 9; -αρχου[τι], Co., T.H. (D.P.), *ca.* 182, *IG* IX 1, 687, 10/11; -αρχοντων, Mag., T.H., s. III, *IvM* 44, 15; -αρχουσαν, *ibid.*, 12; *IvM* 41, 4; -αρχουσας, Mag., T.H., s. III, *IvM* 44, 4;

[υ]πατου, N., Decr., *ca.* 145, *SEG* XXIX 348, 1;

υπεναντιον, Co., D.D., s. III/II, *IG* IX 1, 694, 141;

υπερ, Sy., Epit. (I.M.), s. IV, *SEG* XV 195, 1; Acr., D.D.T., s.
III/II, *IG* XIV 1, 217, 6, 8, 20, 29, 31, 33; Mag., T.H.,
ca. 200, *IvM* 46, 34; *IvM* 72, 5, 8; Co., Decr., 1/2 s. II,
IG IX 1, 692, 2;

(υπερτιθημι), -θεμενος, Co., D.D., s. III/II, *IG* IX 1, 694, 18/19,
83;

υπηρετας, Co., C.Np., *ex.* s. IV, *IG* IX 1, 976, 8; Acr., C.Ofr., s.
III/II, *IG* XIV 1, 211, II 10; *IG* XIV 1, 212, II 12;

υπνου, Co., Epit. (I.M.), s. III, *IG* IX 1, 874, 7;

(υπο), υπ´, Co., T.H., s. III?, *IG* IX 1, 684, 2; Co., D.D., s.
III/II, *IG* IX 1, 694, 60; υπο, Mag., T.H., s. III, *IvM* 44,
13; Co., Epit. (I.M.), *ca.* 229, *IG* IX 1, 873, 3; Co., D.D.,
s. III/II, *IG* IX 1, 694, 106; Acr., D.D.T., s. III/II, *IG*
XIV 1, 217, 2, 4, 22, 24, 45, 49; Mag., T.H., *ca.* 200, *IvM*
72, 15; Mag., T.H., s. II, *IvM* 45, 21; υφ´, Co., Epit.
(I.M.), *ca.* 229, *IG* IX 1, 871, 3; Co., Epit. (I.M.), s. I,
IG IX 1, 878, 5;

υπογραφ-, -εες, Acr., C.Np., s. III/II, *IG* XIV 1, 209, II 7; Acr.,
C.Ofr., s. III/II, *IG* XIV 1, 212, II 7; -ευς, Acr., C.Ofr.,
s. III/II, *IG* XIV 1, 211, II 8;

(υπογραφω), -γεγραμμεον, Co., D.D., s. III/II, *IG* IX 1, 694, 33,
Ηυποδ[εξασθο], P., Ded., *ca.* 650, *SEG* XI 224 a;
[Ηυ]ποδιχος, C., T.V., s. VI, *SEG* XI 199 c;
Τρυαθιων, N., Ded., s. IV/III?, *IG* IV 488, 4;

Ηυσμενα, C., T.V., s. VII/VI, *DGE* 122.5;

υστατου, Co., Epit. (I.M.), s. III, *IG* IX 1, 874, 7;

Φαηνου, N., Decr., *ca.* 145, *SEG* XXIII 180, 3;

[Φ]αιναυδρου, N., Decr., *ca.* 145, *SEG* XXIII 180, 5,

Φαινοχλει, Co., T.H., s. III, *IG* IX 1, 693, 13;

(φαινω), -ηται, Co., T.H., 1/2 s. III, *IG* IX 1, 683, 6; φανεις, C., T.V., F.D., *SEG* XIV 306 e; φανεισας, Acr., *V.I.*, s. II/I, *SEG* XXXI 822, C 2;

Φαιστιωι, Co., T.H., s. III, *IG* IX 1, 693, 13;

Φαλαχος, Co., L.T., s. IV?, *IG* IX 1, 701, 2;

Φαλαχρου, Co.,*V.I.*, s. II/I, *IG* IX 1, 822;

φανερου, Syr., F.J., s. III, *IG* XIV 1, 7, I 6;

φαρμαχα, Sy., Epit. (I.M.), s. IV, *SEG* XV 195, 2;

Φειδō̄νος, N., Ded., *ca.* 560, *SEG* XI 290, 5/6; Φειδωνος, Co., T.H., s. III, *IG* IX 1, 693, 4;

(φερβω), εφερβε, Co., Epit. (I.M.), s. I, *IG* IX 1, 878, 2;

Φερε̄ς, C., T.V., s. VII/VI, *DGE* 122.8; 122.10;

(φερω), -ετω, Co., D.D., s. III/II, *IG* IX 1, 694, 117; [φερ]ο[υ]σαν, Co., Decr., 1/2 s. II, *IG* IX 1, 692, 9; -ουσιν, Sy., Decr., *ca.* 500, *SEG* XI 244, 2;

(φευγω), -ει, C., T.V., s. VII/VI, *DGE* 122.9;

(φημι), εφαν, Co., Decr., *ca.* 182/178, *IG* IX 1, 690, 4; φασ[ι], Acr., *V.I.* (I.M.), s. II/I, *SEG* XXXI 823, A 6;

(φθινω), φθιμενοισι, Co., Epit. (I.M.), s. III, *IG* IX 1, 874, 3;

Φιδιας, C., T.V., s. V?, Krestchmer 18.9, 6; Φι(δ)ιας, C., T.V. (Ded.), s. V?, *IG* IV 350;

Φιλανδριδα, Co., C.Np., *ex.* s. IV, *IG* IX 1, 976, 4;

Φιλαρχιδα, Ph., Epit., s. IV?, *IG* IV 452, 2;

Φιλαρχ-, -ος, Sy., Decr., *ca.* 500, *SEG* XI 244, 24; -ου, Acr.,
        C.Ofr., s. III/II, *IG* XIV 1, 212, I 12;

Φιλεας, N., Ded., s. IV/III, *IG* IV 487, 4;

Φιλητο[ρος], Co., Epit. (I.M.), s. II, *IG* IX 1, 875, 5;

φιλιαν, Mag., T.H., *ca.* 200, *IvM* 41, 5; *IvM* 42, 5;

φιλιου, Acr., C.Ofr., s. III/II, *IG* XIV 1, 211, II 9; [φ]ιλιου,
        Acr., D.D.T., s. III/II, *IG* XIV 1, 217, 26;

Φιλ(ι)ππου, Sy., T.H., *ca.* 221/216, *IG* IV 427, 1;

Φιλισχου, Mag., T.H., *ca.* 200, *IvM* 41, 3;

Φιλιστιδος, Syr., Ded., s. III?, *IG* XIV 1, 3, 3;

Φιλιστιον, Co., Epit (I.M.), s. III, *IG* IX 1, 874, 1, 3;

Φιλιστιων, Acr., C.Np., s. III/II, *IG* XIV 1, 208, 9, 12; *IG* XIV 1,
        209, II 9; Acr., C.Ofr., s. III/II, *IG* XIV 1, 212, I 6; -α,
        Co., T.H. (D.P.), *ca.* 182, *IG* IX 1, 685, 4, 21; -ος, Acr.,
        C.Np., s. III/II, *IG* XIV 1, 208, 8;

Φιλιστ-, -ου, Acr., C.Np., s. III/II, *IG* XIV 1, 209, I 9; Acr.,
        D.D.T., s. III/II, *IG* XIV 1, 217, 30; -ωι, *ibid.*, 32;

Φιλογενει, Co., C.C., *in.* s. III, *IG* IX 1, 691, 6;

Φιλοθαλεος, Sy., C.J., *ca.* 260/220, *IG* IV 428, 1;

φιλ-, -οι, Co., Epit. (I.M.), *ca.* 229, *IG* IX 1, 872, 1; -ος, Co.,
        Epit. (I.M.), *in.* s. VI, *IG* IX 1, 867, 3; -ους, Mag., T.H.,
        ca. 200, *IvM* 46, 21; *IvM* 72, 22;

Φιλοχλει, Acr., D.D.T., s. III/II, *IG* XIV 1, 217, 15;

Φιλοχλειδα, Le., Ded., s. V?, *DGE* 143;

Φιλοχρατεος, Mag., T.H., *ca.* 200, *IvM* 72, 9; Φιλοχρατ[εο]ς, Acr.,
   C.Ofr., s. III/II, *IG* XIV 1, 211, 1; Φιλ[οχρατ]εος, Acr.,
   D.D.T., s. III/II, *IG* XIV 1, 217, 34;

Φιλοξεν-, Φιλοξε[νου], Co., *V.I.*, *ca.* 500, *SEG* XXX 519, 1/2; -ος,
   Co., Ded., s. III, *IG* IX 1, 706, 1; -ου, Co., *V.I.*, s.
   IV/III, *IG* IX 1, 814; Φιλοξενο[υ], Mag., T.H., *ca.* 200, *IvM*
   72, 1;

φιλοτιμιας, Mag., T.H., s. III, *IvM* 44, 39; [φι]λοτιμιας, Mag.,
   T.H., s. III, *IvM* 44, 39;

Φιλοχαριος, Co., Epit., s. II?, *IG* IX 1, 932, 2;

Φιλōι, C., T.V., s. V?, Krestchmer 24.9, 29;

Φιλōν, C., T.V., s. VII/VI, *DGE* 121.1; Φιλωνι, Acr., D.D.T., s.
   ΄III/II, *IG* XIV 1, 217, 30; Φιλωνος, CorN., Decr., *ca.* 385,
   DGE 147, III 21; Acr., D.D.T., s. III/II, *IG* XIV 1, 217,
   15, 17, 32, 36, 38;

Φιλωνιδ-, -α, C., Ded., s. III/II, *SEG* XXVII 34, 2; Acr., D.D.T.,
   s. III/II, *IG* XIV 1, 217, 2; Co., *V.I.*, s. II/I, *IG* IX 1,
   815; *IG* IX 1, 817; [Φιλ]ωνιδα, *IG* IX 1, 816; Φιλω[νιδα], *IG*
   IX 1, 818; -αι, Acr., D.D.T., s. III/II, *IG* IX 1, 217, 3;
   [Φι]λωνιδας, Co., Decr.?, s. III?, *IG* IX 1, 695, 6;

Φιλωτ-, -[α], Co., *V.I.*, s. II/I, *IG* IX 1, 819; -ας, Co., Ded., s.
   II, *IG* IX 1, 708, 2;

Φιλωτις, C., Ded., s. III/II, *SEG* XXVII 34, 1; Co., Epit., s. II?,
   IG IX 1, 929, 1;

Φιντυλου, Co., Decr., *ca.* 182/178, *IG* IX 1, 689, 11;

Φιντων, Acr., C.Np., s. III/II, *IG* XIV 1, 210, 5; -ος, CorN.,
   Decr., *ca.* 385, *DGE* 147, 23;

Φλεβο͂ν, C., Ded., s. VI/V, *IG* IV 234; *IG* IV 235; [Φλε]βο͂ν, C.,
   Ded., s. VI/V, *IG* IV 236;

[Φλει]Fασιοι, Ph., *N.S.*, *ca.* 500, *SEG* XXVI 415;

Φοινιχαιου, Mag., T.H., s. III, *IvM* 44, 2; C., Ded.?, *ca.* 250/146,
   SEG XI 54, 1;

(φοιτεω), -εων, C., Epit., s. IV, *IG* IV 394;

Φοιτο͂ν, C., T.V., s. VII/VI, *DGE* 121.3;

φραδατηρ, Acr., C.Ofr., s. III/II, *IG* XIV 1, 211, II 5; *IG* XIV 1,
   212, II 5;

φρητιοις, Acr., D.D.T., s. III/II, *IG* XIV 1, 217, 16, 18;

(φρουτιζω), -ιζειν, Syr., F.J., s. III, *IG* XIV 1, 7, I 1;

φρουριου, Co., T.H., s. III?, *IG* IX 1, 684, 2;

Φρυνιχου, Co., T.H. (D.P.), *ex.* s. IV, *IG* IX 1, 682, 6, 15;

Φρυξ, C., T.V. (Ded.), *ca.* 625, *IG* IV 348;

Φυλαχ[ος], C., T.H. (D.P.), *ex.* s. III, *SEG* XXV 325, 7;

[φυ]λαρχων, Syr., Decr., 1/2 s. I, *SEG* XIV 580, 1;

φυλοπιδος, Co., Epit. (I.M.), *ca.* 229, *IG* IX 1, 872, 2;

Φυσχος, C., Ded.?, s. VII/VI, *IG* IV 322;

Φυσσια, C., Ded., s. III?, *IG* IV 362;

Φωχευς, I., Epit., s. IV, *IG* IV 197;

Φωχιων, P., T.V., s. V, *SEG* XXII 251 a;

φως, Acr., *V.I.*, s. II/I, *SEG* XXXI 822, B 7;

Φο̄σεας, Sy., Decr., *ca.* 500, *SEG* XI 244, 25;

Χαι[ρ]εμα[χ]ο[υ], Ph., Ded.?, s. IV?, *IG* IV 463, 2;

Χαιρια[ς], C., T.V., *ca.* 750/725?, *SEG* XI 192;

(χαιρω), χαιρ´, Co., Epit. (I.M.), *ca.* 227, *IG* IX 1, 873, 8; -ε,

        Syr., Epit., s. III, *SEG* XXV 613; Ph., Epit., s. II?, *SEG*

        XXVI 417, 2; Co., Epit., s. II?, *IG* IX 1, 896, 3; *IG* IX 1,

        899; *IG* IX 1, 900; *IG* IX 1, 901; *IG* IX 1, 902; *IG* IX 1,

        903; *IG* IX 1, 904; *IG* IX 1, 905; *IG* IX 1, 907; *IG* IX 1,

        908; *IG* IX 1, 909; *IG* IX 1, 911; *IG* IX 1, 913; *IG* IX 1,

        916; *IG* IX 1, 917; *IG* IX 1, 919; *IG* IX 1, 920; *IG* IX 1,

        921; *IG* IX 1, 922; *IG* IX 1, 923; *IG* IX 1, 924; *IG* IX 1,

        925; *IG* IX 1, 926; *IG* IX 1, 929; *IG* IX 1, 930; *IG* IX 1,

        932; *IG* IX 1, 935; Ph., Epit., s. II/I, *IG* IV 473, 2; *IG* IV

        474; *IG* IV 475, 2; *IG* IV 476, 2; *IG* IV 477; Syr., Epit., s.

        II/I, *DGE* 145, 5; Syr., T.V., s. II/I, *SEG* XVI 538 II; Co.,

        Epit., s. I, *IG* IX 1, 941, 2; χα[ιρε], Syr., Epit., s. III,

        SEG XXV 612; Co., Epit., s. II?, *IG* IX 1, 927; -ειν, Co.,

        Epit. (I.M.), *in.* s. I, *IG* IX 1, 877, 2; -ετε, Co., Epit.,

        s. III, *SEG* XXV 614, 2; Co., Epit., s. II?, *IG* IX 1, 936;

        IG IX 1, 937; *IG* IX 1, 938; *IG* IX 1, 939; *IG* IX 1, 940;

χαλχεωγ, Co., C.C., *in.* s. III, *IG* IX 1, 691, 11;

χαλχιου, Sy., Decr., *ca.* 500, *SEG* XI 244, 1;

χαλχ-, -ου, Co., T.H. (D.P.), *ex.* s. IV, *IG* IX 1, 682, 11; -ου

        Co., C.C., *in.* s. III, *IG* IX 1, 691, 9, 10;

χαλχωμα, Co., T.H. (D.P.), *ca.* 182, *IG* IX 1, 685, 14/15; *IG* IX 1,

686, 12; *IG* IX 1, 688, 11/12; Mag., T.H., s. II, *IvM* 45, 50;

Χαρε̄ς, C., T.V., s. VII/VI, *DGE* 122.6;

χαριε(σ)οαν, C., Ded.?, s. VI, *IG* IV 214; χαριε(σ)οα[ν], C., Ded.?, *in.* s. V, *IG* IV 213; [χα]ριε(σ)οαν, C., Ded., s. VI, *IG* IV 212;

[Χ]αριχλιδας, C., T.V. (Ded.), *ca.* 625, *IG* IV 348;

Χαριτες, P., T.V., *ca.* 575/550, *SEG* XXII 242 g;

Χαρμιος, N., Decr., *ca.* 145, *SEG* XXIII 180, 5;

Χαρμος, Sy., Decr., *ca.* 500, *SEG* XI 244, 8;

Χαρμων, Le., Decr., *in.* s. II, *IG* IX 1, 534, 11;

χαροπος, Co., Epit. (I.M.), *in.* s. VI, *IG* IX 1, 868, 1;

Χαροπο̄ι, Sy., Ded., *ca.* 575/550, *IG* IV 424 b;

Χαρο̄ν, C., T.V., s. VII/VI, *DGE* 122.2; C., T.V., s. V?, Krestchmer 23.9, 27;

(χειριζω), -ιζεσθαι, Co., D.D., s. III/II, *IG* IX 1, 694, 139; -ιζουτες, *ibid.*, 89, 97, 100/101, 103; -ιξουντας, *ibid.*, 44;

χειριξιν, Co., D.D., s. III/II, *IG* IX 1, 694, 60/61, 66, 121;

Χερσιχρατιδαν, Co., V.I., *ca.* 200, *DGE* 137, 1;

...χ[ε]υσαν, P., Ded., *in.* s. V, *SEG* XI 228, 1;

(χεω), χυθεισα, Co., Epit. (I.M.), *ca.* 227, *IG* IX 1, 873, 1;

χθουος, Co., Epit. (I.M.), *ca.* 227, *IG* IX 1, 873, 7;

χιλιαν, N., Decr., *ca.* 229, *SEG* XXIII 178, 11;

Χιμαρου, Acr., Epit., s. V, *DGE* 146.1;

Χοιρασου, C., T.V., s. VII, *SEG* XXV 343;

χοου, Co., C.C., *in.* s. III, *IG* IX 1, 691, 5, 6;

χορευ[ματα], Acr., *V.I.* (I.M.), s. II/I, *SEG* XXXI 823, A 2;

[χ]ορου, Acr., *V.I.* (I.M.), s. II/I, *SEG* XXXI 823, B 9;

(χρεω), εχρησεν, Mag., T.H., *ca.* 200, *IvM* 46, 33; χρησαμεναι, C.,
       Ded., *ca.* 340, *SEG* XXVIII 380, 4; χρησαντος, Mag., T.H.,
       ca. 200, *IvM* 46, 17;

χρημ-, χρεμα, Cl., Decr., *ca.* 575/550, *IG* IV 1607, 8; -ασι, Co.,
       D.D., s. III/II, *IG* IX 1, 694, 45; -ασιν, *ibid.*, 10; -ατα,
       ibid., 36, 105, 128; -ατω[ν], Co., Decr., s. III?, *IG* IX 1,
       978, 2; -ατων, Mag., T.H., *ca.* 200, *IvM* 46, 10;

(χρηματιζω), -ιζουτες, Co., D.D., s. III/II, *IG* IX 1, 694, 53;
       -ιζουτι[ω], *ibid.*, 61;

χρησμ-, -ου, Mag., T.H., s. III, *IvM* 44, 36; Mag., T.H., *ca.* 200,
       IvM 42, 15/16; *IvM* 72, 33; -ος, Mag., T.H., s. II, *IvM* 45,
       8; -[ος], Acr., *V.I.*, s. II/I, *SEG* XXXI 822, C 1; -ων,
       Mag., T.H., s. III, *IvM* 44, 14; Mag., T.H., *ca.* 200, *IvM*
       46, 13;

χρηστ-, -α, Syr., Epit., s. II/I, *DGE* 145, 4; Syr., T.V., s. II/I,
       SEG XVI 539, I 3; II 2; -ε, Co., Epit., s. I, *IG* IX 1, 941,
       1;

Χριθυλος, Sy., Decr., *ca.* 500, *SEG* XI 244, 33;

χρου-, -ου, Mag., T.H., s. III, *IvM* 44, 29; Le., Decr., *in.* s. II,

IG IX 1, 534, 3; -ος, Mag., T.H., s. III, *IvM* 44, 18; -ους,

    Co., D.D., s. III/II, *IG* IX 1, 694, 89;

Χρυσανθ[ις], P., T.V., s. VI/V, *SEG* XXII 234;

Χρυσιλλα, Ph., C.Np., s. IV, *SEG* XXVI 416, 3;

Χρυσοι[α], N., G., *in.* s. V, *SEG* XXIX 353 b;

χωρ-, -αν, CorN., Decr., *ca.* 385, *DGE* 147, 11; Mag., T.H., s. III,

    IvM 44, 36; Mag., T.H., *ca.* 200, *IvM* 42, 15; *IvM* 46, 18;

    Co., Decr., *ca.* 182/178, *IG* IX 1, 689, 15; Mag., T.H., s.

    II, *IvM* 45, 11, 28; -α[ν], Mag., T.H., *ca.* 200, *IvM* 72, 32;

    -[αν], CorN., Decr., *ca.* 385, *DGE* 147, 17; [χω]ραν, *ibid.*,

    3/4; -ας, *ibid.*, 6;

χωριου, I., Cat., s. IV/III, *SEG* XXIX 338, 5;

χωρις, Co., D.D., s. III/II, *IG* IX 1, 694, 24, 88;

(ψαφιζω), εψαφισαν[το], Acr., Decr., *ca.* 483/482, *SEG* XII 407,
   1/2; εψαφισθαι, Mag., T.H., *ca.* 200, *IvM* 46, 19;
   [εψαφισ]μενα, *ibid.*, 37; [εψαφ]ισμενας, Mag., T.H., s. II,
   IvM 45, 24/25, 39/40; εψαφισται, Mag., T.H., s. III, *IvM*
   44, 5/6; Mag., T.H., s. II, *IvM* 45, 13; [εψη]φισαντο, Mag.,
   T.H., *ca.* 200, *IvM* 41, 19;

ψαφισμ-, -α, Mag., T.H., s. III, *IvM* 44, 10/11; Mag., T.H., *ca.*
   200, *IvM* 42, 3, 16; *IvM* 46, 46; *IvM* 72, 13; Mag., T.H., s.
   II, *IvM* 45, 7; -[α], Mag., T.H., s. III, *IvM* 44, 42;
   Mag., T.H., s. II, *IvM* 45, 50; [ψα]φισμα, Mag., T.H., *ca.*
   200, *IvM* 46, 7; -ατ[α], Mag., T.H., *ca.* 200, *IvM* 46, 15;
   -ατι, Mag., T.H., *ca.* 200, *IvM* 42, 4; Mag., T.H., s. II,
   IvM 45, 18; -ατων, Mag., T.H., s. III, *IvM* 44, 15;4, 15;

ψιλας, Co., T.H., s. III, *IG* IX 1, 693, 16/17;

Ψυδρευς, Co., T.H. (D.P.), *ex.* s. IV, *IG* IX 1, 682, 2;

Ψυλλ-, -αι, *ibid.*, 111, 123; -ας, *ibid.*, 36, 37, 39, 43, 50, 107,
   112, 126, 129, 130; -α<ς>, Co., D.D., s. III/II, *IG* IX 1,
   694, 5;

ψυχας, N., C.M., *ex.* s. IV, *SEG* XXX 353, 6;

ψυχρου, Co., Epit. (I.M.), s. I, *IG* IX 1, 878, 8;

ὠχιμορον, Co., Epit. (I.M.), *ca.* 229, *IG* IX 1, 873, 3;

ὠλενην, Co., Epit. (I.M.), *in.* s. I, *IG* IX 1, 876, 4;

ὡς, Syr., F.J., s. III, *IG* XIV 1, 7, I 7; Mag., T.H., s. III, *IvM*
  44, 30; Co., T.H., 1/2 s. III, *IG* IX 1, 683, 5, 7, 8; Co.,
  D.D., s. III/II, *IG* IX 1, 694, 12, 55, 139;

ὡσαυτως, Co., D.D., s. III/II, *IG* IX 1, 694, 65, 135;

ὡστε, Co., D.D., s. III/II, *IG* IX 1, 694, 56, 107;

ōφελ(εια), Ph., Decr., *ca.* 600/550, *SEG* XI 275, 5;

IV. CORPORA INSCRIPTIONUM.

Coll. = Collitz–Bechtel, Sammlung der griechischen Dialekt-Inschriften, Gotinga, 1884–1915.

DGE = E. Schwyzer, Dialectorum Graecorum exempla epigraphica potiora, Leipzig, 1923.

Ditt. = W. Dittenberger, Sylloge inscriptionum Graecarum, Leipzig, 1924 [reimpr. Hildesheim, 1982].

IG = Inscriptiones Graecae consilio et auctoritate Academiae litterarum regiae Borussicae editae:

    IV. Inscriptiones Argolidis, ed. M. Fraenkel, 1902.

    IX 1. Inscriptiones Graeciae Septentrionalis, ed. G. Dittenberger, 1897.

    XIV 1. Inscriptiones Italiae et Sicialiae, ed. A. Lebegue, 1890.

IvM = O. Kern, Die Inschriften von Magnesia am Maeander, Berlín, 1900

Krestchmer = P. Krestchmer, Die Griechischen Vaseninschriften, Hildesdeim, 1969

SEG = Supplementum Epigraphicum Graecum, ed. A.G. Woodhead, Londres, 1923–1982.

V. SIGLORUM CONSPECTUS.

I. CIUDADES.

A) CORINTO.

C. = Corinto.

Cl. = Cleona.

Cr. = Cromión.

I. = Istmo.

N. = Nemea.

O. = Enoe.

P. = Perácora.

Ph. = Fliunte.

Sy. = Sición.

B) COLONIAS DE CORINTO.

Acr. = Acras.

Co. = Corcira.

CorN. = Corcira la Negra.

Syr. = Siracusa.

C) OTROS LUGARES.

Ac. = Acarnania.

Le. = Leúcade.

Mag. = Magnesia.

Sal. = Salamina.

II. INSCRIPCIONES.

C.C. = Catálogo de Cuentas.

C.J. = Catálogo de Juegos.

C.M. = Conjuros Mágicos.

C.Np. = Catálogo de Antropónimos.

C.Ofr. = Catálogo de Ofrendas.

C.S. = Catálogo de Soldados.

Cat. = Catálogo.

D.D. = Decreto de Donaciones.

D.D.T. = Decreto de Delimitación de Territorio.

D.P. = Decreto de Proxenía.

Decr. = Decreto.

Ded. = Dedicatoria.

Epit. = Epitafio.

F.D. = Fecha Dudosa.

F.J. = Fórmula de Juramento.

I.M. = Inscripción Métrica.

L.T. = Límite de Terreno.

N.S. = Nota Sculptorum.

R.A. = Catálogo de Edificaciones.

T.H. = Título Honorífico.
T.V. = Título de Vaso.

V.I. = Varia et incerta.

III. OTRAS.

ca.   = circa.

ex.   = exeunte.

ibid. = ibidem.

in.   = ineunte.

s.   = siglo.

VI. NOTAE IN VERBIS ADHIBITAE.

[ὰ β] = *litterae ab editore suppletae quae in lapide fuisse videntur.*

<α β> = *litterae quas editor addidit utpote a quadratario temere omissas vel correxit utpote a quadratario falso exaratas.*

(α β) = *litterae interpretationis causa, e.g. in exitu vocis supplendo vel siglo reddendo, ab editore additae.*